# Fokus Deutsch Vorkurs (B1+)
# – auf einen Blick

Die Reihe Fokus Deutsch – Erfolgreich in Alltag und Beruf richtet sich an Lernende, die sich auf die sprachlichen Anforderungen im Arbeitsleben oder auf weiterführende Qualifizierungs-maßnahmen (zum Beispiel im Rahmen der bundesweiten berufsbezogenen Deutschsprach-förderung nach § 45 a AufenthG) vorbereiten wollen.

Der Vorkurs Fokus Deutsch (B1+) ermöglicht in dieser Reihe einen sanften Übergang von der Niveaustufe B1 zu B2 und schafft somit in sehr heterogenen Lernergruppen die sprachlichen Voraussetzungen für eine erfolgreiche Arbeit mit Fokus Deutsch – Erfolgreich in Alltag und Beruf B2. Der Vorkurs eignet sich dabei insbesondere für Lernende, die nach dem letzten DaF-Kurs eine (längere) Pause eingelegt oder in einer skalierten Sprachprüfung nicht in allen Prüfungsteilen die Niveaustufe B1 erreicht haben. Er hilft nachhaltig, Lücken im Bereich Wort-schatz und Grammatik zu schließen und die produktiven und rezeptiven Fertigkeiten niveau-gerecht zu sichern.

Das Kurs- und Übungsbuch des Vorkurses (B1+) enthält vier Einheiten à insgesamt 16 Seiten. Wie auch  in Fokus Deutsch – Erfolgreich in Alltag und Beruf B2 besteht jede Einheit aus sieben Seiten mit Texten, Dialogen und zahlreichen Aufgaben und verknüpft ein allgemein-sprachliches mit einem berufsorientierten Thema. Die letzte Seite jeder Einheit, „Kurz und bündig", fasst die wichtigsten Redemittel und grammatischen Strukturen übersichtlich zu-sammen. Es folgen sieben Seiten Übungen, die der Wiederholung und Festigung dienen. Den Abschluss bildet die Seite „Wichtige Wörter", die den Lernwortschatz umfasst.

In den vier Einheiten des Vorkurses (B1+) werden wichtige Grundstufeninhalte im Bereich Grammatik (z.B. Bildung und Gebrauch der Zeitformen, Verben mit Präpositionen oder Sätze und Satzverbindungen) systematisch wiederholt und geübt, Redemittel und relevanter Wort-schatz reaktiviert sowie die vier Fertigkeiten (Lesen, Hören, Schreiben, Sprechen) trainiert.

Unter www.cornelsen.de/webcodes finden Sie mithilfe des Codes **heravu** verschiedene Produkte als Gratis-Download: die Lösungen zu den Übungen, die Transkripte der Hörtexte sowie die Audio-Dateien im mp3-Format. Auf www.cornelsen.de/fokus-deutsch/alltag-beruf finden Sie weitere Produkte der Lehrwerksreihe, wie etwa Handreichungen für den Unterricht und Audio-CDs.

Wir wünschen Ihnen viel Spaß und Erfolg beim Deutschlernen mit dem Vorkurs (B1+) der Reihe Fokus Deutsch – Erfolgreich in Alltag und Beruf.

# Inhalt

## A Schule, Ausbildung, Weiterbildung

**1a** Arbeiten Sie in Gruppen. Wählen Sie ein Foto aus und beschreiben Sie die Situation auf dem Foto: Wer? Was? Wo? Warum? Die Begriffe 1–6 helfen. Präsentieren Sie Ihre Ergebnisse im Kurs.

> Auf Bild D sieht man einen Kursraum und Lernende an Computern. Wahrscheinlich nehmen sie an einer Weiterbildung teil.

**1b** Woran denken Sie bei den Themen Schule, Ausbildung und Weiterbildung? Sammeln Sie.

**2a** Hören Sie das Vorstellungsgespräch. Welche Situationen auf den Fotos (oben) erwähnt Herr Suwaid?

**2b** Hören Sie das Gespräch noch einmal und beantworten Sie die Fragen.

1 Woher kommt Herr Suwaid?
2 Wo und wie lange ist er zur Schule gegangen?
3 Welche Deutschprüfung hat er gemacht?
4 An welcher Weiterbildung hat er teilgenommen?

**2c** Befragen Sie sich gegenseitig über Ihren Ausbildungsweg (Schulzeit, Ausbildung) und Ihren Beruf. Machen Sie Notizen und stellen Sie Ihre Partnerin / Ihren Partner im Kurs vor.

**Redemittel**

Wo und wie lange sind Sie zur Schule gegangen? / Was waren Ihre Lieblingsfächer? / Welche Erinnerungen haben Sie an die Schulzeit? Haben Sie einen Schulabschluss / eine Weiterbildung/Umschulung gemacht? Wann und wo?
Haben Sie Berufserfahrung? / Wo haben Sie gearbeitet?

**Sie lernen**

- über Schule, Ausbildung und Weiterbildung sprechen
- den eigenen Lebensweg beschreiben
- über Selbstständigkeit sprechen
- über berufliche Ziele sprechen
- Vergangenheitsformen (Wdh.): Perfekt, Präteritum
- Infinitiv mit *zu*

**3 a** Die Braun GmbH stellt neue Mitarbeiter vor. Lesen Sie den Text im Intranet des Betriebs.
Welche Aussagen stehen im Text? Kreuzen Sie an.

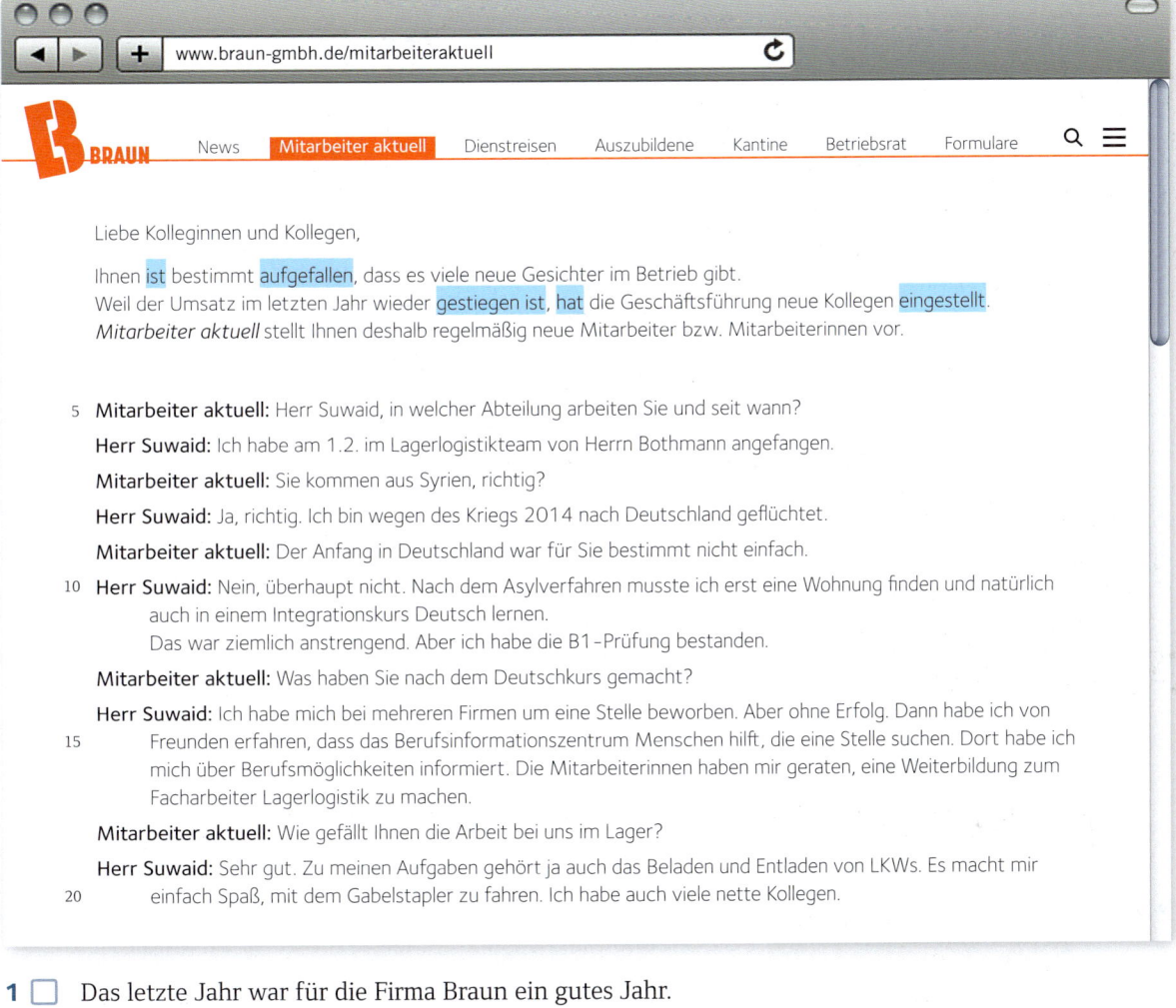

Liebe Kolleginnen und Kollegen,

Ihnen ist bestimmt aufgefallen, dass es viele neue Gesichter im Betrieb gibt.
Weil der Umsatz im letzten Jahr wieder gestiegen ist, hat die Geschäftsführung neue Kollegen eingestellt.
*Mitarbeiter aktuell* stellt Ihnen deshalb regelmäßig neue Mitarbeiter bzw. Mitarbeiterinnen vor.

5   **Mitarbeiter aktuell:** Herr Suwaid, in welcher Abteilung arbeiten Sie und seit wann?

**Herr Suwaid:** Ich habe am 1.2. im Lagerlogistikteam von Herrn Bothmann angefangen.

**Mitarbeiter aktuell:** Sie kommen aus Syrien, richtig?

**Herr Suwaid:** Ja, richtig. Ich bin wegen des Kriegs 2014 nach Deutschland geflüchtet.

**Mitarbeiter aktuell:** Der Anfang in Deutschland war für Sie bestimmt nicht einfach.

10  **Herr Suwaid:** Nein, überhaupt nicht. Nach dem Asylverfahren musste ich erst eine Wohnung finden und natürlich
auch in einem Integrationskurs Deutsch lernen.
Das war ziemlich anstrengend. Aber ich habe die B1-Prüfung bestanden.

**Mitarbeiter aktuell:** Was haben Sie nach dem Deutschkurs gemacht?

**Herr Suwaid:** Ich habe mich bei mehreren Firmen um eine Stelle beworben. Aber ohne Erfolg. Dann habe ich von
15     Freunden erfahren, dass das Berufsinformationszentrum Menschen hilft, die eine Stelle suchen. Dort habe ich
mich über Berufsmöglichkeiten informiert. Die Mitarbeiterinnen haben mir geraten, eine Weiterbildung zum
Facharbeiter Lagerlogistik zu machen.

**Mitarbeiter aktuell:** Wie gefällt Ihnen die Arbeit bei uns im Lager?

**Herr Suwaid:** Sehr gut. Zu meinen Aufgaben gehört ja auch das Beladen und Entladen von LKWs. Es macht mir
20     einfach Spaß, mit dem Gabelstapler zu fahren. Ich habe auch viele nette Kollegen.

1 ☐   Das letzte Jahr war für die Firma Braun ein gutes Jahr.
2 ☐   Das Deutschlernen war für Herrn Suwaid kein Problem.
3 ☐   Nach dem Deutschkurs hat er sofort einen Job bei der Firma Braun bekommen.
4 ☐   Bei der Firma Braun muss er unter anderem Fahrzeuge aus- und einladen.

**3 b** Sehen Sie sich die markierten Verben in dem Intranet-Text an und schreiben Sie einen kurzen Text über
ihre eigene Schul- und Ausbildungszeit sowie über Ihre Berufserfahrung. Benutzen Sie das Perfekt.

**Redemittel**

Ich bin von … bis … in … in die Schule gegangen. /
Meine Lieblingsfächer waren Englisch/…
Ich habe mit … Jahren meinen Schulabschluss gemacht. /
Ich habe keinen Schulabschluss. / Ich konnte die Schule
nicht beenden, weil …
Nach der Schule habe ich … / Ich habe eine Ausbildung als
… gemacht. / Ich habe noch keine Ausbildung gemacht. /
Nach der Schule habe ich sofort gearbeitet.
Deutsch habe ich in … gelernt. / Ich habe in einer Firma in
… als … gearbeitet.

**Memo**

Die meisten Verben bilden das Perfekt mit
*haben* + Partizip II.
Verben mit Positionsveränderung bilden das
Perfekt mit *sein*, z. B.:

fahren → ich bin gefahren,
laufen → ich bin gelaufen,
fliegen → ich bin geflogen.

**1 a**  Überfliegen Sie das Portrait von Herrn Esso. Welche Überschrift passt am besten? Tragen Sie sie ein.

**1**  Ein Migrant, der erfolgreich seinen Weg geht

**2**  Gute Berufsaussichten für Migranten in Krankenhäusern

**3**  Immer mehr Migranten erfolgreich im Beruf

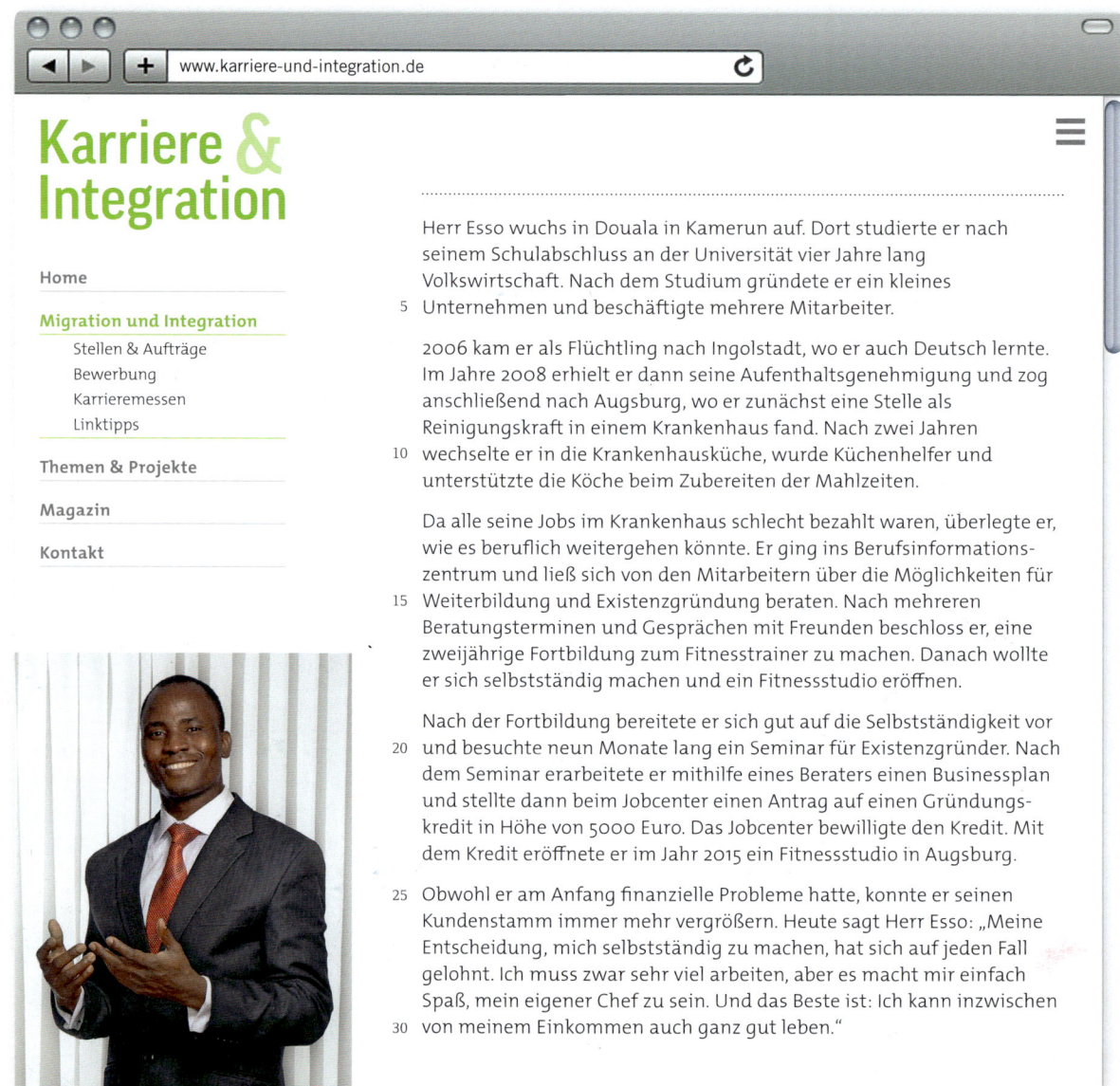

**Karriere & Integration**

www.karriere-und-integration.de

Home

**Migration und Integration**
Stellen & Aufträge
Bewerbung
Karrieremessen
Linktipps

Themen & Projekte

Magazin

Kontakt

Herr Esso wuchs in Douala in Kamerun auf. Dort studierte er nach seinem Schulabschluss an der Universität vier Jahre lang Volkswirtschaft. Nach dem Studium gründete er ein kleines
5  Unternehmen und beschäftigte mehrere Mitarbeiter.

2006 kam er als Flüchtling nach Ingolstadt, wo er auch Deutsch lernte. Im Jahre 2008 erhielt er dann seine Aufenthaltsgenehmigung und zog anschließend nach Augsburg, wo er zunächst eine Stelle als Reinigungskraft in einem Krankenhaus fand. Nach zwei Jahren
10  wechselte er in die Krankenhausküche, wurde Küchenhelfer und unterstützte die Köche beim Zubereiten der Mahlzeiten.

Da alle seine Jobs im Krankenhaus schlecht bezahlt waren, überlegte er, wie es beruflich weitergehen könnte. Er ging ins Berufsinformationszentrum und ließ sich von den Mitarbeitern über die Möglichkeiten für
15  Weiterbildung und Existenzgründung beraten. Nach mehreren Beratungsterminen und Gesprächen mit Freunden beschloss er, eine zweijährige Fortbildung zum Fitnesstrainer zu machen. Danach wollte er sich selbstständig machen und ein Fitnessstudio eröffnen.

Nach der Fortbildung bereitete er sich gut auf die Selbstständigkeit vor
20  und besuchte neun Monate lang ein Seminar für Existenzgründer. Nach dem Seminar erarbeitete er mithilfe eines Beraters einen Businessplan und stellte dann beim Jobcenter einen Antrag auf einen Gründungskredit in Höhe von 5000 Euro. Das Jobcenter bewilligte den Kredit. Mit dem Kredit eröffnete er im Jahr 2015 ein Fitnessstudio in Augsburg.

25  Obwohl er am Anfang finanzielle Probleme hatte, konnte er seinen Kundenstamm immer mehr vergrößern. Heute sagt Herr Esso: „Meine Entscheidung, mich selbstständig zu machen, hat sich auf jeden Fall gelohnt. Ich muss zwar sehr viel arbeiten, aber es macht mir einfach Spaß, mein eigener Chef zu sein. Und das Beste ist: Ich kann inzwischen
30  von meinem Einkommen auch ganz gut leben."

**1 b**  Lesen Sie das Portrait noch einmal und entscheiden Sie, was im Text steht: a, b oder c? Kreuzen Sie an.

**1**  Herr Esso war in seiner Heimat
  **a** ☐  Volkswirt.
  **b** ☐  Unternehmer.
  **c** ☐  Mitarbeiter.

**2**  Im Krankenhaus arbeitete er zuletzt als
  **a** ☐  Reinigungskraft.
  **b** ☐  Küchenarbeiter.
  **c** ☐  Koch.

**3**  Im Anschluss an seine Fortbildung zum Fitnesstrainer
  **a** ☐  erarbeitete er einen Businessplan.
  **b** ☐  besuchte er einen Kurs für Existenzgründer.
  **c** ☐  beantragte er einen Kredit.

**1 c**  Schreiben Sie drei W-Fragen zum Text. Fragen und antworten Sie anschließend im Kurs.

*Wo studierte Herr Esso? Wann kam er ...?*

**2 a** Das Präteritum. Markieren Sie in 1a die Präteritumformen und tragen Sie sie in eine Tabelle ein. Unterscheiden Sie dabei, ob die Verben regelmäßig oder unregelmäßig sind.

| Infinitiv | Präteritum | |
|---|---|---|
| | regelmäßige Verben | unregelmäßige Verben |
| aufwachsen | | wuchs auf |
| studieren | studierte | |
| kommen | | kam |

**2 b** Über Vergangenes berichten. Lesen Sie die Regel und streichen Sie die Zeitformen, die nicht passen.

**Regel**

Beim Sprechen über Vergangenes benutzt man meistens das *Präsens / Perfekt / Präteritum*.
In schriftlichen Texten, z. B. in Zeitungsartikeln, benutzt man vor allem das *Präsens / Perfekt / Präteritum*.
Bei *haben*, *sein* und den Modalverben (*wollen*, *müssen*, *können*, *sollen*, *dürfen*) benutzt man auch im Mündlichen meist das *Präsens / Perfekt / Präteritum*.

**Strategie**

Lernen Sie die unregelmäßigen Verben mithilfe von Lernkarten. Schreiben Sie zehn Lernkarten mit für Sie wichtigen Verben und üben Sie sie.

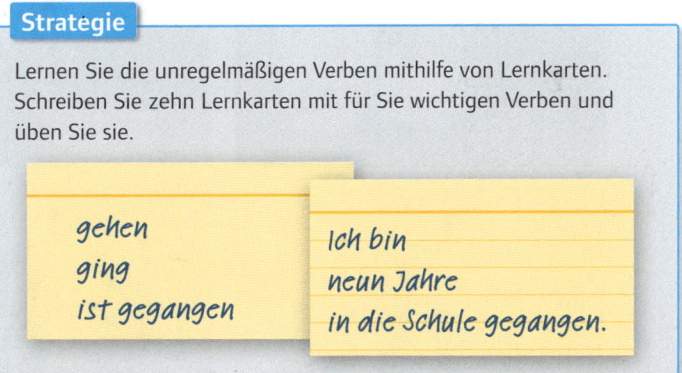

gehen
ging
ist gegangen

Ich bin
neun Jahre
in die Schule gegangen.

**2 c** Der Lebensweg von Jelka Ilic. Sehen Sie sich die Bilder und die Stichpunkte an und schreiben sie einen Text über das Leben von Jelka Ilic. Benutzen Sie das Präteritum.

Jelka wuchs ... Sie ...

aufwachsen: in Belgrad,
dort zur Schule gehen: 1994 – 2006,
Lieblingsfach: Sport

nach Deutschland kommen: 2012,
schnell Wohnung finden,
B1-Prüfung bestehen: 2013

Umschulung machen zur Köchin: 2015,
um eine Stelle bewerben und
sofort bekommen: 2017

**3** Thema Selbstständigkeit. Wo sehen Sie Chancen, wo Risiken? Sammeln Sie und diskutieren Sie in Gruppen. Stellen Sie Ihre Ergebnisse im Kurs vor.

| Chancen | Risiken |
|---|---|
| Man hat mehr Freiheit. | Man trägt Verantwortung für Mitarbeiter. |
| Man kann sich die Arbeit selbst einteilen. | Man verdient nicht immer gut. |
| Man kann Entscheidungen ... | Man muss viel arbeiten. |
| ... | ... |

**Redemittel**

Unserer Meinung nach ... / Man sollte bedenken, dass ...
Für/Gegen Selbstständigkeit spricht, dass ... / Dafür/Dagegen spricht ... /
Positiv/Negativ an der Selbstständigkeit ist, ...
Ein großer Vorteil von Selbstständigkeit liegt darin, dass ... / Ich finde es einen Vorteil/Nachteil, dass ...

**1**  Arbeitssuche in Deutschland: Welche Schwierigkeiten kann es geben? Welche Erfahrungen haben Sie gemacht? Sammeln Sie in Gruppen und sprechen Sie.

> Die Ausbildung wird nicht anerkannt.

> Ich habe meine Zeugnisse auf der Flucht verloren.

> ...

**2a**  Ein Interview mit drei Migranten. Sie hören den ersten Teil der Radiosendung. In welchen Berufen arbeiten die drei Personen heute? Ordnen Sie die Fotos den Personen zu.

Ihra Sarasin ☐ ☐          Abdi Ibrow ☐ ☐          Sevil Bodog ☐ ☐

**2b**  Hören Sie noch einmal und ergänzen Sie die Informationen.

| | Woher? | Schule und Beruf in der Heimat | Fortbildung in Deutschland | Beruf und Arbeitgeber jetzt |
|---|---|---|---|---|
| Ihra Sarasin | aus Thailand | | | |
| Abdi Ibrow | | keine Ausbildung | | |
| Sevil Bodog | | | | |

**2c**  Hören Sie das Interview weiter und kreuzen Sie an: Wer sagt was? Notieren Sie B (= Bodog), I (= Ibrow) oder S (= Sarasin).

1 ☐ Es fiel mir nicht leicht, Deutsch zu lernen.
2 ☐ Ich wollte meine Berufschancen verbessern. Deshalb beschloss ich, eine Fortbildung zu machen.
3 ☐ Ich hatte oft keine Lust, am Wochenende zu lernen.
4 ☐ Weil ich keine abgeschlossene Berufsausbildung hatte, war es schwer für mich, eine Arbeit zu finden.
5 ☐ Nach meiner Ankunft in Deutschland, habe ich gleich versucht, in meinem Beruf zu arbeiten.
6 ☐ Es war gar nicht einfach, alle wichtigen Dokumente und Zeugnisse zusammenzustellen.

## 3 a Infinitiv mit *zu*. Lesen Sie die Regel und ergänzen Sie mithilfe von 2c die Sätze.

> **Regel**
>
> **Infinitiv mit *zu***
>
> Ein Infinitiv mit *zu* steht nach:
> - bestimmten Verben (z. B. *anfangen, versuchen, beschließen, finden, hoffen* …): Er hat angefangen, für die Prüfung zu lernen.
> - Ausdrücken mit Nomen + *haben* (z. B. *Zeit/Lust* … *haben*): Ich habe heute keine Zeit, einzukaufen.
> - Ausdrücken mit es *ist/war* + Adjektiv (z. B. *Es ist/war gut/schlecht/schwierig/schön* …): Es ist schön, am Wochenende lange schlafen zu können.
> - Ausdrücken mit *es macht* … (z. B. *Es macht Spaß/Freude/*…): Es macht mir Spaß, im Sommer ins Grüne zu fahren.

**1** Herr Ibrow: Es fiel mir nicht leicht, ....................................................................................................................

**2** Frau Bodog beschloss, ....................................................................................................................

**3** Frau Bodog: Ich hatte oft keine Lust, ....................................................................................................................

**4** Herr Ibrow: Es war für mich schwer, ....................................................................................................................

**5** Frau Sarasin: Ich habe gleich versucht, ....................................................................................................................

**6** Frau Sarasin: Es war gar nicht einfach, ....................................................................................................................

## 3 b Arbeiten Sie zu zweit. Fragen und antworten Sie.

| | | |
|---|---|---|
| Ist es leicht/schwer, <br> Hast du Lust, <br> Macht es Spaß, <br> Hast du versucht, | die B2-Prüfung zu bestehen? <br> Deutsch zu lernen? <br> einen guten Job zu finden? <br> sich selbstständig zu machen? <br> die Nachbarn kennenzulernen? <br> eine Weiterbildung zu machen? <br> einen Antrag auf Anerkennung ausländischer Berufsabschlüsse zu bekommen? | Natürlich! <br> Selbstverständlich! <br> Ja, (ziemlich). <br> Ich glaube schon/nicht. <br> Ich weiß nicht. <br> Nein. <br> Auf gar keinen Fall! |

## 3 c Das bin ich. Schreiben Sie Sätze über sich und lesen Sie sie im Kurs vor.

**1** Es macht mir (keinen) Spaß, …

**2** Ich finde es wichtig, …

**3** Nach dem Kurs habe ich (keine) Lust, …

**4** Ich möchte in diesem Jahr versuchen, …

**5** Es ist langweilig, …

**6** Ich habe oft keine Zeit, …

**7** Ich möchte anfangen, …

**8** Ich finde es schwer, …

## 4 Was sind Ihre Ziele? Wo möchten Sie nach dem Sprachkurs arbeiten. Berichten Sie.

Ich hoffe, nach dem Kurs einen Job als … zu bekommen.

Ich muss meine Abschlüsse aus … noch anerkennen lassen.

Ich hätte Lust, als … zu arbeiten.

Ich habe in meiner Heimat … gelernt, darum möchte ich in diesem Bereich auch arbeiten.

Mein Traum ist es, eine Stelle im Bereich … zu finden.

Ich möchte nach dem Sprachkurs eine Weiterbildung/ Umschulung zum/zur … machen.

## 1 a Ein Berater im Jobcenter hat Ihnen eine Broschüre mitgegeben. Lesen Sie den Text. Worum geht es? Tauschen Sie sich aus und tragen Sie das Thema als Überschrift ein.

Sie möchten in Ihrem Wunschberuf arbeiten? Für viele Migrantinnen und Migranten ist es aber nicht immer einfach, Arbeit zu finden. Auch Fachkräfte mit Arbeitserlaubnis haben es oft schwer, in ihren
5  erlernten Berufen zu arbeiten. Zeugnisse und offizielle Dokumente sind für Arbeitgeber sehr wichtig. Wenn Sie aber im Ausland zur Schule gegangen sind und dort eine Ausbildung gemacht oder studiert haben, wissen Arbeitgeber in Deutschland meistens nicht,
10 was Ihre Zeugnisse und Qualifikationen bedeuten und welche Kompetenzen Sie haben. Sie können aber eine Anerkennung ihrer Zeugnisse und Berufsqualifikationen beantragen.

Bei einer Anerkennung werden Ihre Zeugnisse und
15 Berufsabschlüsse mit deutschen Zeugnissen und Berufsabschlüssen verglichen. Wenn es keine großen Unterschiede gibt, bekommen Sie die volle

Anerkennung. Wenn es aber größere Unterschiede gibt, müssen Sie eine Qualifizierungsmaßnahme machen.
20 Das sind z. B. Kurse oder Praktika.

Wenn Sie in einem reglementierten Beruf arbeiten möchten, müssen Sie einen Antrag auf Anerkennung stellen. Das sind zum Beispiel Berufe im medizinischen Bereich (Ärzte, Gesundheits- und Krankenpfleger usw.),
25 im Bildungswesen (Lehrer, Erzieher usw.), im Handwerk (Bäckermeister usw.) und Rechtsberufe (Richter, Rechtsanwälte usw.).

Sie benötigen für die Anerkennung u. a.
• eine Übersicht über Ihre Ausbildung und
30   Berufstätigkeit,
• Ihre Zeugnisse sowie
• Nachweise über Ihre Berufserfahrung.
In einem ersten Schritt ist es wichtig, alle Zeugnisse und Zertifikate zusammenzustellen. Sie brauchen
35 dann beglaubigte Kopien von Ihren Unterlagen in deutscher Sprache. Wenn Sie alle Unterlagen haben, dauert das Verfahren meistens nicht länger als drei Monate. Es kostet allerdings 200 bis 600 Euro. Manchmal übernimmt aber die Agentur für Arbeit
40 die Kosten.

## 1 b Lesen Sie den Text noch einmal und entscheiden Sie: Welche Aussagen sind richtig? Kreuzen Sie an.

1 Für Migranten ist es schwer,
   a ☐ in ihrem Wunschberuf zu arbeiten.
   b ☐ eine Arbeitserlaubnis in ihrem Wunschberuf zu bekommen.
   c ☐ als Fachkraft zu arbeiten.

2 Arbeitgeber in Deutschland möchten vor allem wissen,
   a ☐ welche Schulen Migranten besucht haben.
   b ☐ welche Zeugnisse Migranten haben.
   c ☐ was die Zeugnisse und Qualifikationen bedeuten.

3 Wer als Krankenpfleger arbeiten möchte, muss
   a ☐ eine Qualifizierungsmaßnahme machen.
   b ☐ zuerst beantragen, dass seine Ausbildung und Qualifikationen anerkannt werden.
   c ☐ seine Zeugnisse mit deutschen Zeugnissen vergleichen.

4 Für die Anerkennung ihrer Abschlüsse
   a ☐ müssen Migranten ihre Zeugnisse ins Deutsche übersetzen.
   b ☐ brauchen die Migranten einige Unterlagen.
   c ☐ benötigen Migranten mindestens drei Monate.

## 2 a Projekt. Recherchieren Sie auf der Webseite www.anerkennung-in-deutschland.de und sammeln Sie Informationen über die Hotline und Vor-Ort-Beratung.

## 2 b Nehmen Sie gegebenenfalls die Hotline oder die Vor-Ort-Beratung in Anspruch. Welche Voraussetzungen für die Anerkennung eines Berufs Ihrer Wahl sind notwendig? Stellen Sie diese im Kurs vor.

## Kommunikation

### über Schule, Ausbildung und Weiterbildung sprechen

Ich bin in … Jahre zur Grundschule/… gegangen. Danach bin ich auf … gegangen.
Im Jahr … habe ich meinen Schulabschluss gemacht. / Ich habe keinen Schulabschluss gemacht.
Nach der Schule habe ich habe eine Ausbildung zu … gemacht..

### den eigenen Lebensweg beschreiben

Ich wurde … in … geboren. / Ich wuchs in … auf und ging dort zur Schule. / Als ich nach Deutschland
kam, lernte ich Deutsch. / Nach dem Deutschkurs machte ich eine Weiterbildung zu …

### über Selbstständigkeit sprechen

Für / Gegen Selbstständigkeit spricht …
Wenn man selbstständig ist, hat man mehr Verantwortung / ist man sein eigener Chef / …

### über seine beruflichen Ziele sprechen

Mein Traum ist es, eine Stelle im Bereich … zu finden. / Ich habe … gelernt, darum möchte ich in diesem
Bereich auch arbeiten. / Ich möchte eine Weiterbildung/Umschulung zum/zur … machen.

## Grammatik

### Perfekt

Im Perfekt stehen die konjugierten Formen von *haben* und *sein* im Hauptsatz auf Position 2 und das
Partizip II am Satzende.

|        | Position 2 |                       | Partizip II |
|--------|------------|-----------------------|-------------|
| Sie    | hat        | zwei Jahre lang Deutsch | gelernt.    |
| Im Sommer | hat     | sie die DTZ-Prüfung   | bestanden.  |
| Wann   | bist       | du nach Deutschland   | gekommen?   |

Die meisten Verben bilden das Perfekt mit *haben* + Partizip II.
Perfekt mit *sein*:   Verben mit Positionsveränderung (ich bin gegangen/gefahren/…)
                      Verben mit Veränderung des Zustands (ich bin aufgewacht / es ist passiert)
                      Bei den Verben *sein* (ich bin gewesen) und *bleiben* (ich bin geblieben)

### Präteritum

|             | regelmäßige Verben im Präteritum | | unregelmäßige Verben im Präteritum | | | |
|-------------|-----------|-----------|--------|--------|--------|--------|
| ich         | wohnte    | arbeitete | ging   | fuhr   | flog   | gab    |
| du          | wohntest  | arbeitetest | gingst | fuhrst | flogst | gabst  |
| er/es/sie/man | wohnte  | arbeitete | ging   | fuhr   | flog   | gab    |
| wir         | wohnten   | arbeiteten | gingen | fuhren | flogen | gaben  |
| ihr         | wohntet   | arbeitetet | gingt  | fuhrt  | flogt  | gabt   |
| sie/Sie     | wohnten   | arbeiteten | gingen | fuhren | flogen | gaben  |

### Infinitiv mit *zu*

Der Infinitiv mit *zu*   bestimmten Verben (z. B. *anfangen*): Ich fange an, für die Prüfung zu lernen.
steht nach:              Ausdrücken mit Nomen + *haben*: Ich habe keine Lust, ins Kino zu gehen.
                         Ausdrücken mit *es ist* + Adjektiv: Es ist wichtig, regelmäßig zu lernen.
                         Ausdrücken mit *es macht*: Es macht keinen Spaß, das Bad zu putzen.

# A Schule, Ausbildung, Weiterbildung

**1a** Zur Schule gehen in Deutschland. Lesen Sie den Artikel und ergänzen Sie ihn.

| | | | | | | | |
|---|---|---|---|---|---|---|---|
| **1** Gymnasium | | **2** Grundschule | | **3** Schulsystem | | **4** Fachhochschule | |
| **5** Kindergarten | | **6** Berufsschulen | | **7** Schule | | **8** Schulabschluss | |

Das ............................ in Deutschland

In Deutschland gibt es eine Schulpflicht. Alle Kinder müssen zur ........................................, in den
........................................ müssen Eltern ihre Kinder aber nicht schicken. Die Schulpflicht beginnt in der Regel
mit sechs Jahren und endet, wenn die Jugendlichen 18 Jahre alt werden.

Ganz zu Anfang besuchen alle Kinder vier – und in manchen Bundesländern auch sechs – Jahre lang die
........................................ Danach wechseln die Schüler in die Sekundarstufe I. Manche gehen auf ein
Gymnasium, andere gehen auf eine Gemeinschaftsschule, Stadtteilschule, Mittelschule usw. Diese Schulen hei-
ßen in jedem Bundesland anders. Am Ende der Sekundarstufe I (meistens nach der 10. Klasse) können alle
Schüler einen ........................................ machen: zum Beispiel den Hauptschulabschluss oder den
Realschulabschluss.

Danach können sie dann im Sekundarbereich II weiterlernen: Dazu können sie zum Beispiel an ein
........................................ gehen und nach der Klasse 12 oder 13 das Abitur machen. Damit kann man
an einer ........................................ oder Universität studieren. Die Sekundarstufe II können sie aber
auch an einer Berufsschule absolvieren. In den ........................................ werden sie auf die Ausbildung
in bestimmten Berufen vorbereitet.

**1b** Schulfächer. Ordnen Sie die Fächer den Beschreibungen zu.

| | | |
|---|---|---|
| **1** Mathematik | **a** | In diesem Fach geht es um Tiere, Pflanzen und den menschlichen Körper. |
| **2** Deutsch | **b** | In diesem Fach lernen die Grundschüler Lesen, Schreiben und Grammatik. Später beschäftigen sie sich mit Literatur und lesen z. B. Romane. |
| **3** Biologie | **c** | In diesem Fach lernen die Schüler unterschiedliche Stoffe kennen. Sie machen auch im Labor Experimente. |
| **4** Kunst | **d** | In diesem Fach geht es um Zahlen. Hier lernt man, wie man rechnet. |
| **5** Geschichte | **e** | In diesem Fach malen und zeichnen die Schüler. |
| **6** Geografie und Erdkunde | **f** | In diesem Fach beschreiben die Schüler verschiedene Länder z. B. die Gebirge, Flüsse, Seen, Pflanzen oder das Klima. |
| **7** Chemie | **g** | Zu diesem Fach gehört alles, was in der Vergangenheit passiert ist. |

**1c** Ein Gespräch mit Tanya Danow. Die Schülerin hat sich um einen Ausbildungsplatz beworben. Hören Sie das Gespräch und beantworten Sie die Fragen.

**1** Wie alt ist Frau Danow?
**2** Was für eine Ausbildung möchte sie machen?
**3** Welchen Schulabschluss möchte sie machen?
**4** Was sind ihre Lieblingsfächer an der Schule?
**5** Was macht sie gern in ihrer Freizeit?

**2a** Zeitform Perfekt. Sehen Sie sich den Text in Aufgabe 3a auf Seite 7 noch einmal an und sammeln Sie alle Formen des Partizip II. Wie werden diese Partizipien gebildet? Tragen Sie sie an der passenden Stelle in das Raster ein und ergänzen Sie die Infinitive.

| ge...(e)t | geflüchtet: flüchten<br>gemacht: | ge...en | |
| --- | --- | --- | --- |
| ...ge...(e)t | | ...ge...en | |
| ...t | | ...en | |

**2b** Was hat Zeki Suwaid gestern gemacht? Sehen Sie sich die Bilder an und schreiben Sie eine kleine Geschichte. Benutzen Sie das Perfekt.

| zur Arbeit fahren, Musik hören, Mails lesen | LKW ausladen, Waren kontrollieren | in die Kantine gehen, essen, sich unterhalten | Ware im Lager abholen und verpacken | spazieren gehen, fernsehen |

1 Um 6.30 Uhr _ist Zeki mit dem Bus_ ............................................................

2 Am Vormittag ............................................................................................ .

3 Um 12.00 Uhr ............................................................................................ .

4 Am Nachmittag .......................................................................................... .

5 Am Abend .................................................... . Danach ..................................... .

**2c** Perfekt mit *haben* oder *sein*? Ergänzen Sie jeweils das Hilfsverb und das Partizip.

| Infinitiv | | Partizip | Infinitiv | | Partizip |
| --- | --- | --- | --- | --- | --- |
| bleiben | ist | geblieben | passieren | | |
| bekommen | | | kommen | | |
| sein | | | aufstehen | | |
| fahren | | | essen | | |
| finden | | | fliegen | | |
| gehen | | | schwimmen | | |
| einschlafen | | | fallen | | |

**2d** Was haben Sie letztes Wochenende gemacht? Schreiben Sie zehn Sätze mit den Verben in 2c.

> Am Samstag bin ich erst um 9.00 Uhr aufgestanden. Danach ...

**1 a** Komposita. Wie viele Wörter finden Sie in den Komposita? Arbeiten Sie mit dem Wörterbuch.

1   der Schulabschluss          *die Schule, der Abschluss*
2   die Aufenthaltsgenehmigung
3   die Reinigungskraft
4   die Krankenhausküche
5   das Berufsinformationszentrum
6   der Beratungstermin
7   der Existenzgründer
8   der Gründungskredit

**1 b** Wörter in Verbindung lernen. Was passt zusammen? Verbinden Sie. Es gibt mehrere Möglichkeiten.

1   eine Prüfung               a   gehen
2   einen Sprachkurs           b   informieren
3   sich selbstständig         c   machen
4   einen Antrag               d   einteilen
5   sich über Berufsmöglichkeiten   e   stellen
6   einen Bescheid             f   bestehen
7   Verantwortung              g   besuchen
8   sich die Arbeit selbst     h   tragen
9   zur Schule                 i   bekommen *erhalten*

**1 c** Gertrude Numbi berichtet. Ergänzen Sie die Sätze.

> Einkommen • Entscheidung • Berufsinformationszentrum • Deutsch •
> Flüchtling • Stelle • Gemeinschaftsunterkunft • Aufenthaltsgenehmigung • Fortbildung

Ich musste vor fünf Jahren meine Heimat verlassen und bin als

........................... nach Deutschland gekommen. Als Asylsuchende

musste ich in den ersten Monaten hier in einer ...........................

wohnen. Mein Antrag auf Asyl wurde bewilligt und ich bekam eine un-

begrenzte ............................ Danach habe ich

zuerst ........................... gelernt. Nach der Deutschprüfung

bin ich ins ........................... gegangen und

habe mich beraten lassen. Ich habe schließlich beschlossen, eine

........................... zur Bürofachkraft zu machen.

Jetzt habe ich eine gut bezahlte ........................... in

einem kleinen Unternehmen. Für mich war es auf jeden Fall die richtige

..........................., eine Fortbildung zu machen.

Ich habe nette Kollegen und ein gutes

...........................:

## 2 a Das Präteritum der unregelmäßigen Verben. Ergänzen Sie die Tabelle.

|  | geben | bleiben | fliegen | wissen | denken |
|---|---|---|---|---|---|
| ich | *gab* |  |  |  |  |
| du |  |  |  |  | *dachtest* |
| er/es/sie/man |  |  |  |  |  |
| wir |  |  |  |  |  |
| ihr |  | *bliebt* |  |  |  |
| sie/Sie |  |  |  |  |  |

## 2 b Unregelmäßige Verben. Ordnen Sie die Infinitive den Präteritumformen zu.

| Infinitive | Verben im Präteritum |
|---|---|
| ~~müssen~~ – sitzen – vermeiden – treffen – fahren – bringen – essen – erkennen – halten – haben – gewinnen – schwimmen – liegen – sehen – ziehen | brachte – saß – hielt – hatte – schwamm – aß – vermied – traf – fuhr – erkannte – sah – zog – gewann – lag – ~~musste~~ |

● *müssen – musste; sitzen – ...*

## 3 Wiederholung von Nebensätzen mit *als*. Schreiben Sie Sätze im Präteritum.

1 ich – 18 Jahre alt – sein / ich – meinen Schulabschluss – machen
2 ich – nach Deutschland kommen / ich – einen Asylantrag – stellen
3 ich – letztes Jahr – die Deutschprüfung – bestehen / ich – sehr froh – sein
4 ich – eine Stelle – bekommen / ich – ein Auto – kaufen

● *1 Als ich 18 Jahre alt war, machte ich ...*

## 4 a Eine Migrantin geht ihren Weg. Lesen Sie, was Darja Emsis bisher alles gemacht hat. Schreiben Sie eine Kurzbiografie über das Leben von Frau Emsis und benutzen Sie dabei das Präteritum.

- Darja Emsis: geboren am 03.06.1985 in Lettland; sie geht in Jelgava zur Schule.
- Da sie eine gute Schülerin ist, besucht sie ein Gymnasium und macht 2003 das Abschlusszertifikat.
- Nach der Schule studiert sie Ökonomie und Tourismus in Riga und macht 2008 ihren Hochschulabschluss.
- 2009 lernt sie einen deutschen Touristen kennen, verliebt sich und heiratet ihn.
- Kurze Zeit später kommt Darja nach Deutschland und besucht erst einmal einen Integrationskurs, der ihr hilft, in der neuen Heimat anzukommen.
- Weil ihr Studienabschluss nicht anerkannt wird, bewirbt sie sich um eine Stelle als Verkäuferin.
- Da ihr der neue Beruf nicht so gut gefällt, entscheidet sie, sich selbstständig zu machen.
- Da sie fließend Russisch, Lettisch und Ukrainisch spricht, eröffnet sie 2016 ein Übersetzungsbüro.

● *Darja Emsis wurde am 03.06.1985 in Lettland geboren. Sie ging ...*

## 4 b Wie war das damals bei Ihnen? Schreiben Sie fünf Sätze über Ihr Leben früher.

**Redemittel**

Als ich ... Jahre alt war, ... / Von ... bis ... / Früher ... / Vor ... Jahren, ...

müssen • arbeiten • zur Schule gehen • machen • können • wohnen • ankommen • lernen • beenden • sein • haben

**1**  Nomen und Verben. Arbeiten Sie mit dem Wörterbuch und ergänzen Sie die Tabelle.

|  | Infinitiv | Präteritum | Perfekt |
|---|---|---|---|
| die Zuwanderung | zuwandern | er/sie wanderte zu | er/sie ist |
| die Integration | | | |
| die Pflege | | | |
| die Produktion | | | |
| die Ausbildung | | | |
| der Fahrer | | | |
| die Bezahlung | | | |
| die Erfahrung | | | |
| die Wohnung | | | |
| die Ankunft | | | |

**2**  Wiederholung von Präpositionen. Ergänzen Sie die Kurzbiografie von Sevil Blaga.

> in (2x) • aus • nach (2x) • bis • von • seit •
> zur • zwischen • während • am

Sevil Blaga kam 2010 ............................ Rumänien ............................ Deutschland. ............................ 2012 lebt

sie ............................ Magdeburg. ............................ 2013 und 2015 arbeitete sie als Kellnerin

............................ einem Bistro in der Nähe des Bahnhofs. ............................ 2015 ............................ 2016

machte sie eine Fortbildung ............................ Floristin.

............................ der Fortbildung lernte sie ihren späteren

Mann kennen. Frau Blaga machte sich ............................

der Fortbildung selbstständig und eröffnete ein Blumen-

geschäft direkt ............................ Marktplatz. Sie freut sich,

endlich ihren Traumberuf zu haben.

🔊 **3**  Drei Kurzberichte. Hören Sie, was Mohammed Al-Sabty, Yulia Nowak und Nguyen Thi Phuon über ihr
6  Leben berichten. Wer sagt was? Ordnen Sie zu (Mohammed = M, Yulia = Y, Nguyen = N).

1 ☐  Ich bin nach Deutschland gekommen, weil ich mich in einen deutschen Geschäftsmann verliebt
   hatte.
2 ☐  In meiner Heimat gibt es noch immer instabile Verhältnisse und Krieg. Deshalb habe ich 2015
   einen Asylantrag gestellt.
3 ☐  In meiner Heimat habe ich von 2004 bis 2013 als Ärztin gearbeitet.
4 ☐  Nach den Sprachkursen habe ich ein Seminar für Existenzgründer besucht.
5 ☐  Aber mein Antrag wurde abgelehnt, weil ich die B2-Sprachprüfung noch nicht bestanden hatte.
6 ☐  Ich möchte hier als Jurist arbeiten, aber mein Studienabschluss wurde nicht anerkannt.

## 4a Infinitiv mit *zu*. Schreiben Sie ganze Sätze wie im Beispiel. Es gibt mehrere Möglichkeiten.

1 Nadja versucht,
2 Ich finde es gefährlich,
3 Es ist sinnvoll,

4 Ich finde es toll,
5 Wir lieben es,
6 Nikos nimmt sich Zeit,

7 Ich empfehle euch,
8 Es tut mir gut,
9 Eteri hasst es,

**A** jeden Tag fünf Kilometer zu joggen.

**B** am Wochenende shoppen zu gehen.

**C** Deutsch zu lernen.

**D** sich selbstständig zu machen.

**E** nach der Arbeit mit seinen Kindern zu spielen.

**F** mit den Kunden zu sprechen.

**G** regelmäßig Yoga zu machen.

**H** hier bei Rot über die Straße zu gehen.

**I** mit dir zusammenzuarbeiten.

○ *Nadja versucht, jeden Tag fünf Kilometer zu joggen.*
○

## 4b Schreiben Sie Sätze mit Infinitiv mit *zu*.

1 Wir haben keine Chance mehr / gewinnen / das Fußballspiel
2 Oleg hat Angst / mit großen Flugzeugen fliegen
3 Wir haben morgens oft keine Zeit / machen / Pause
4 María hat oft Probleme / aufstehen / um 6.00 Uhr
5 Es ist schön / im See schwimmen / morgens
6 Ich habe vergessen / mitbringen / meine Sportsachen

○ *1 Wir haben keine*
○ *Chance mehr, ...*
○

## 4c Schreiben Sie Sätze zu den sechs Szenen. Benutzen Sie den Infinitiv mit *zu*. Es gibt mehrere Möglichkeiten.

1 Rafi hat keine Zeit, ....................................................................................................

2 Es macht Anna Spaß, ..................................................................................................

3 Julia hat angefangen, .................................................................................................

4 Es ist wichtig, .............................................................................................................

5 Maria hat vergessen, ..................................................................................................

6 Omar hat abends Lust, ...............................................................................................

# D Bald am Ziel!?

**1** Adjektive und Nomen. Welches Adjektiv passt nicht zu dem Nomen? Streichen Sie durch.

| | | |
|---|---|---|
| 1 | die Anerkennung | staatlich – offiziell – interessant – öffentlich |
| 2 | die Qualifikation | beruflich – offen – fachlich – nötig |
| 3 | der Abschluss | unfair – anerkannt – erfolgreich – gut |
| 4 | die Ausbildung | akademisch – praktisch – betrieblich – reich |
| 5 | das Zeugnis | schriftlich – ärztlich – gut – leicht |
| 6 | die Kompetenz | fachlich – lang – kommunikativ – sozial |

**2a** Fragen und Antworten zur Ausbildung und zum Berufsweg. Was passt zusammen? Verbinden Sie.

1 Wo und wie lange sind Sie zur Schule gegangen?

2 Haben Sie nach der Schule eine Ausbildung gemacht?

3 Als was haben Sie in Ihrer Heimat gearbeitet?

4 Haben Sie Ihr Studium anerkennen lassen?

5 Was für Pläne haben Sie für die Zukunft?

a Ich möchte eine Ausbildung zur Köchin machen.

b Nein, noch nicht. Ich muss meine Zeugnisse noch übersetzen lassen.

c Nein, ich habe in meiner Heimat studiert.

d Ich habe in Kairo drei Jahre lang als Arabischlehrerin gearbeitet.

e In Ägypten. Dort habe ich nach der 12. Klasse das ägyptische Abitur gemacht.

**2b** Lesen Sie die Fragen 1–5 in 2a noch einmal und beantworten Sie sie für Ihren Berufsweg.

*1 Ich bin ... gegangen. ...*

**3a** In sechs Schritten zur Anerkennung. Sehen Sie sich die Bilder an und bringen Sie sie in die richtige Reihenfolge.

**3b** Lesen Sie die Informationen a–f und ordnen Sie sie in 3a den Bildern zu. Schreiben Sie anschließend die Schritte zur Anerkennung auf.

a Zeugnisse und Nachweise der Qualifikationen zusammenstellen

b Antragsformular vollständig ausfüllen

c In einer Anerkennungsberatung Informationen über das Verfahren bekommen

d Nach ca drei Monaten einen Bescheid über die Gleichwertigkeit der Abschlüsse erhalten

e Die Unterlagen übersetzen und beglaubigen lassen

f Antrag und Unterlagen zur Anerkennung einreichen

*Zuerst bekommt man in einer Anerkennungsberatung Informationen ...*
*Dann ... Danach ... Schließlich ...*

## A Schule, Ausbildung, Weiterbildung

die Abteilung, -en ....................

der Arbeitgeber, – ....................

die Arbeitgeberin, -nen ....................

das Asylverfahren, – ....................

die Ausbildung, -en ....................

auf}fallen ....................

(eine Prüfung) bestehen ....................

das Berufsinformations-
zentrum (BIZ) ....................

der Betrieb, -e ....................

sich bewerben ....................

jdn. ein}stellen ....................

das E-Learning (Sg.) ....................

der E-Learning-Kurs , -e ....................

der Facharbeiter, – ....................

die Facharbeiterin, -nen ....................

der Gabelstapler, – ....................

die Geschäftsführung, -en ....................

sich informieren ....................

das Lager, – ....................

die Lagerlogistik (Sg.) ....................

der Mitarbeiter, – ....................

die Mitarbeiterin, -nen ....................

jdm. etw. raten ....................

der Schulabschluss, "-e ....................

steigen ....................

teil}nehmen an (+ Dat.) ....................

der Umsatz, "-e ....................

die Umschulung, -en ....................

wahrscheinlich ....................

die Weiterbildung, -en ....................

## B Lebenswege

der Antrag, "-e ....................

einen Antrag stellen ....................

die Aufenthaltsgenehmi-
gung, -en ....................

auf}wachsen ....................

der Berater, – ....................

die Beraterin, -nen ....................

jdn. beschäftigen ....................

der Businessplan, "-e ....................

das Einkommen, – ....................

die Entscheidung, -en ....................

eine Entscheidung treffen ....................

die Existenzgründung, -en ....................

die Fortbildung, -en ....................

eine Fortbildung machen ....................

(ein Unternehmen)
gründen ....................

einen Kredit bewilligen ....................

der Küchenhelfer, – ....................

die Küchenhelferin, nen ....................

sich selbstständig
machen ....................

die Selbstständigkeit (Sg.) ....................

überlegen ....................

Verantwortung tragen
für (+ Akk.) ....................

## C Fit für den Arbeitsmarkt

etw. anerkennen lassen ....................

der Berufsabschluss, "-e ....................

die Berufsausbildung, -en ....................

etw. beschließen ....................

das Zeugnis, -se ....................

## D Bald am Ziel!?

die Anerkennung, -en ....................

das Anerkennungs-
verfahren, – ....................

die Arbeitserlaubnis, -se ....................

die Fachkraft, "-e ....................

die Kompetenz, -en ....................

Kosten übernehmen ....................

der Nachweis, -e ....................

das Praktikum, Praktika ....................

die Qualifikation, -en ....................

reglementiert ....................

die Unterlage, -n ....................

etw. vergleichen mit
(+ Dat.) ....................

# 2  Vom Hobby zum Beruf

**1** Fahrräder reparieren

**2** einen Marathon laufen

**3** ins Konzert gehen und klassische Musik hören

**4** ehrenamtlich eine Fußball-mannschaft trainieren

**5** Freunde in einem Café treffen und Selfies posten

**6** shoppen gehen

## A  Hobbys und Freizeitaktivitäten

**1a** Sehen Sie sich die Fotos an. Welche der abgebildeten Freizeitaktivitäten und Hobbys mögen Sie? Welche mögen Sie nicht? Warum? Sprechen Sie im Kurs.

> Fahrräder zu reparieren, ist für mich keine Freizeitaktivität. Das ist für mich Arbeit. Außerdem habe ich auch gar kein Werkzeug.

> Ich bin noch nie einen Marathon gelaufen. Das ist doch sehr anstrengend, oder?

**1b** Drei Arbeitskollegen unterhalten sich darüber, was sie am Wochenende gemacht haben. Hören Sie und ergänzen Sie die Tabelle.

| Wer? | Was machen sie? | Wann? Wie oft? | Warum? |
|---|---|---|---|
| Miriam | | | |
| Amir | | | |
| Daria | | | |

**Sie lernen**

- über Freizeitaktivitäten und Hobbys sprechen
- sagen, dass man (nicht) überrascht ist
- Abläufe in der Vergangenheit beschreiben
- Verben mit festen Präpositionen (Wdh.)
- Fragewörter: *Woran? Worauf? Wofür? Worüber? Wovon?* (Wdh.)
- Nebensätze mit *nachdem* • Plusquamperfekt

**2** Was machen Sie in Ihrer Freizeit gern? Welche Interessen und Hobbys haben Sie? Tauschen Sie sich aus.

> **Redemittel**
>
> Nach der Arbeit / Am Wochenende gehe ich gern shoppen / ins Fitnessstudio / ins Konzert / …
> In meiner Freizeit spiele ich Fußball/Gitarre / surfe ich am liebsten im Internet / …
> Im Sommer/Winter fahre ich oft ins Grüne / aufs Land / in die Berge / …
> Mein Hobby ist Marathonlaufen/Gartenarbeit/Shopping/…

**3 a** Lesen Sie den Zeitungsartikel. Notieren Sie Informationen zu den Zahlen 23 Millionen, 5,2 Millionen und 2591. Berichten Sie, worum es bei diesen Zahlen geht.

## So verbringen die Deutschen ihre Freizeit

Im Jahr können sich die Deutschen auf etwa 2591 Stunden Freizeit freuen. Sie haben also viel Zeit für ihre eigenen Interessen und Hobbys. Dabei verbringen sie die meiste Zeit
5 am liebsten zu Hause vor dem Fernseher oder dem Computer. Für Menschen unter 30 sind die digitalen Medien – von Internet über E-Mail bis zu den sozialen Medien – besonders wichtig. Nicht mehr so beliebt wie früher ist es,
10 die Zeitung zu lesen oder Freunde zu Hause zu treffen. Die Menschen gehen auch nicht mehr so gern am Wochenende shoppen.

Die Deutschen treiben aber in ihrer Freizeit gern Sport. Dabei gehört Laufen bzw. Joggen zu
15 den beliebtesten Sportarten und ist für viele Entspannung pur. Ungefähr 5,2 Millionen Personen ab 14 Jahren laufen regelmäßig in ihrer Freizeit. Aber auch Radfahren, Schwimmen oder Wandern sind bei vielen Menschen –
20 besonders bei gutem Wetter – sehr beliebt.

Aber viele Menschen in Deutschland wollen in ihrer Freizeit nicht nur zu Hause faulenzen oder Sport treiben. Sie wollen sich auch in der Gesellschaft engagieren. Einer Umfrage zufolge
25 sind rund 23 Millionen Menschen in Deutschland ehrenamtlich tätig – das heißt, sie arbeiten freiwillig und ohne Bezahlung. Sie trainieren zum Beispiel Jugendliche in Fußballvereinen, geben Schülern Nachhilfeunterricht,
30 lesen Kindern Geschichten vor, verteilen Essen an Alte und Kranke oder arbeiten als Feuerwehrleute. Helfen macht ihnen einfach Spaß.

**3 b** Lesen Sie den Artikel noch einmal und vervollständigen Sie die Sätze.

1 Es hat mich überrascht, dass …
2 Mich wundert (sehr), dass …
3 Ich hatte mir schon gedacht, dass …
4 Interessant fand ich, …

**4** Welche Freizeitaktivitäten sind in Ihrem Heimatland beliebt? Welche nicht? Was ist anders, was ist gleich? Berichten Sie.

> In meiner Heimat joggen nicht so viele Menschen in ihrer Freizeit wie hier.

> Nur wenige Leute …

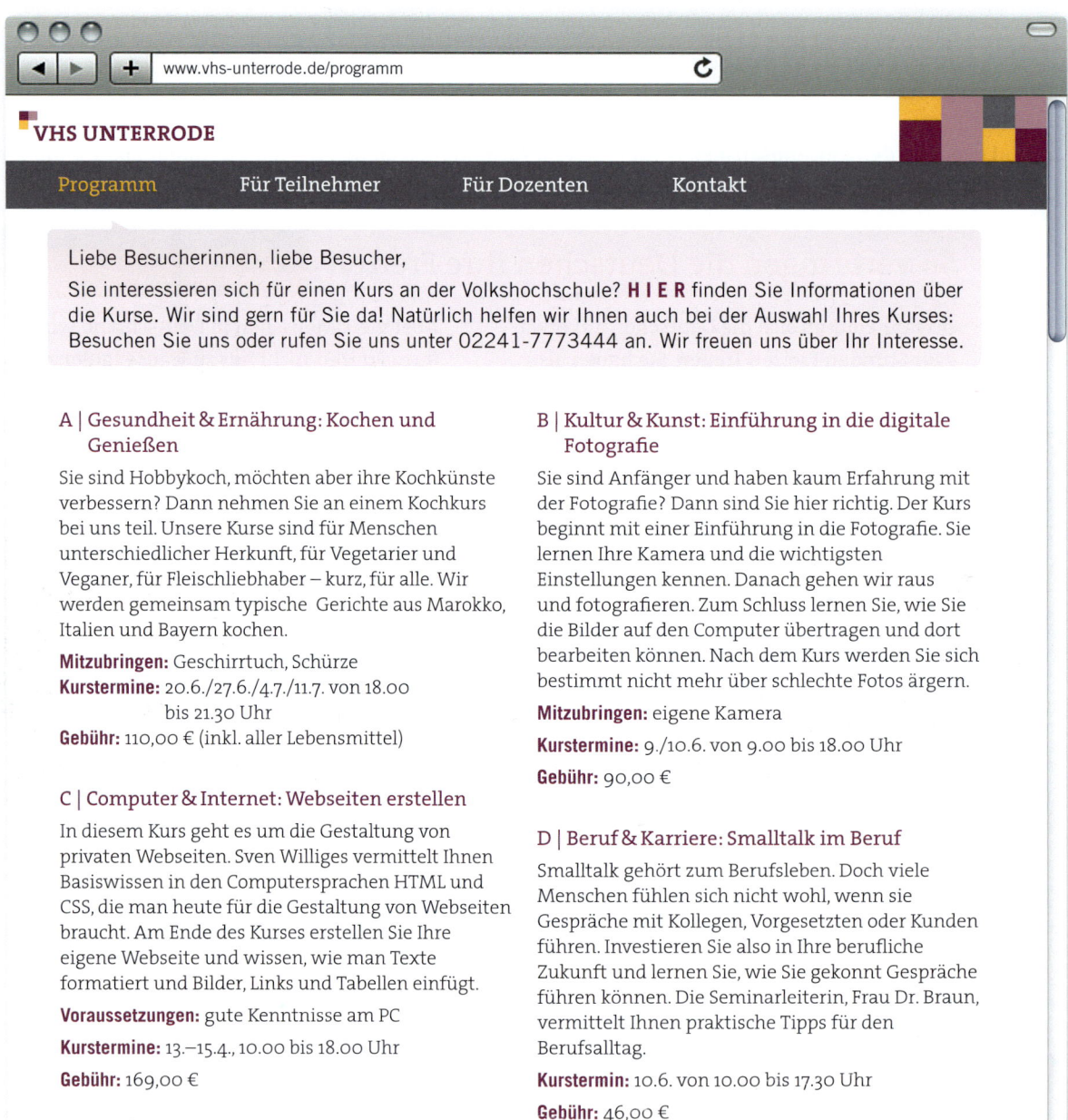

**1 a** Lesen Sie den Info-Text. Gibt es so etwas wie Volkshochschulen auch in Ihrem Land? Tauschen Sie sich aus.

**1 b** Lernen an der Volkshochschule (VHS). Überfliegen Sie das Kursangebot der VHS Unterrode. Für welche Kurse interessieren Sie sich? Für welche nicht? Begründen Sie.

**Info**

Volkshochschulen gibt es in fast jeder Stadt in Deutschland. An den Volkshochschulen können Jugendliche ab 15 Jahren und Erwachsene lernen und sich weiterbilden. Die Kurse werden jeweils in zwei Semestern angeboten und können in der Woche oder an Wochenenden stattfinden.

---

www.vhs-unterrode.de/programm

**VHS UNTERRODE**

Programm          Für Teilnehmer          Für Dozenten          Kontakt

Liebe Besucherinnen, liebe Besucher,

Sie interessieren sich für einen Kurs an der Volkshochschule? **H I E R** finden Sie Informationen über die Kurse. Wir sind gern für Sie da! Natürlich helfen wir Ihnen auch bei der Auswahl Ihres Kurses: Besuchen Sie uns oder rufen Sie uns unter 02241-7773444 an. Wir freuen uns über Ihr Interesse.

**A | Gesundheit & Ernährung: Kochen und Genießen**

Sie sind Hobbykoch, möchten aber ihre Kochkünste verbessern? Dann nehmen Sie an einem Kochkurs bei uns teil. Unsere Kurse sind für Menschen unterschiedlicher Herkunft, für Vegetarier und Veganer, für Fleischliebhaber – kurz, für alle. Wir werden gemeinsam typische Gerichte aus Marokko, Italien und Bayern kochen.
**Mitzubringen:** Geschirrtuch, Schürze
**Kurstermine:** 20.6./27.6./4.7./11.7. von 18.00 bis 21.30 Uhr
**Gebühr:** 110,00 € (inkl. aller Lebensmittel)

**C | Computer & Internet: Webseiten erstellen**

In diesem Kurs geht es um die Gestaltung von privaten Webseiten. Sven Williges vermittelt Ihnen Basiswissen in den Computersprachen HTML und CSS, die man heute für die Gestaltung von Webseiten braucht. Am Ende des Kurses erstellen Sie Ihre eigene Webseite und wissen, wie man Texte formatiert und Bilder, Links und Tabellen einfügt.
**Voraussetzungen:** gute Kenntnisse am PC
**Kurstermine:** 13.–15.4., 10.00 bis 18.00 Uhr
**Gebühr:** 169,00 €

**B | Kultur & Kunst: Einführung in die digitale Fotografie**

Sie sind Anfänger und haben kaum Erfahrung mit der Fotografie? Dann sind Sie hier richtig. Der Kurs beginnt mit einer Einführung in die Fotografie. Sie lernen Ihre Kamera und die wichtigsten Einstellungen kennen. Danach gehen wir raus und fotografieren. Zum Schluss lernen Sie, wie Sie die Bilder auf den Computer übertragen und dort bearbeiten können. Nach dem Kurs werden Sie sich bestimmt nicht mehr über schlechte Fotos ärgern.
**Mitzubringen:** eigene Kamera
**Kurstermine:** 9./10.6. von 9.00 bis 18.00 Uhr
**Gebühr:** 90,00 €

**D | Beruf & Karriere: Smalltalk im Beruf**

Smalltalk gehört zum Berufsleben. Doch viele Menschen fühlen sich nicht wohl, wenn sie Gespräche mit Kollegen, Vorgesetzten oder Kunden führen. Investieren Sie also in Ihre berufliche Zukunft und lernen Sie, wie Sie gekonnt Gespräche führen können. Die Seminarleiterin, Frau Dr. Braun, vermittelt Ihnen praktische Tipps für den Berufsalltag.
**Kurstermin:** 10.6. von 10.00 bis 17.30 Uhr
**Gebühr:** 46,00 €

---

**1 c**  Arbeiten Sie zu zweit. Eine/r von Ihnen stellt Fragen zu einem Kurs (A–D), die/der andere antwortet.

Wann findet der Kurs … statt?
Für wen ist der Kurs?
Was lernt man in dem Kurs?

Gibt es besondere Voraussetzungen?
Muss man etwas mitbringen?
Wie viel kostet der Kurs?

Können Sie mir sagen, wann der Kurs „Kochen und Genießen" stattfindet?

Ja, er findet am …

## 2a Verben mit festen Präpositionen. Suchen Sie in 1b Verben mit Präpositionen und ergänzen Sie im Folgenden die Präpositionen.

sich freuen *auf* (+Akk.)

sich interessieren (+Akk.)

investieren (+Akk.)

sich ärgern (+Akk.)

sich freuen (+Akk.)

es geht (+Akk.)

teilnehmen (+Dat.)

helfen (+Dat.)

beginnen (+Dat.)

gehören (+Dat.)

**Strategie**

Lernen Sie Verben mit festen Präpositionen mithilfe von ganzen Sätzen.

*warten auf:* Ich warte auf den Bus.

*telefonieren mit:* Ich telefoniere mit meinen Eltern.

## 2b Noch mehr Verben mit Präpositionen. Verbinden Sie die Satzteile.

1 Latif redet ständig von
2 Stefanie träumt seit einiger Zeit
3 Deshalb nimmt Stefanie an
4 Oleg freut sich jede Woche
5 Im Kurs ging es
6 Am Wochenende trifft sich Larissa
7 Maria wartet auf
8 An seinem Geburtstag freut sich Max über

a von einer Karriere als Fotografin.
b seine Geschenke.
c ihre Freundin.
d einem Fotografie-Kurs teil.
e seiner Frau in Syrien.
f letzte Woche um Bildbearbeitung am Computer.
g mit ihren Freundinnen.
h auf den Deutschkurs.

## 2c Was machen die Personen? Beschreiben Sie die Situationen.

1 Der Mann mit der gelben Jacke wartet an der Bushaltestelle auf den Bus und telefoniert …

## 3 Kursspaziergang. Lesen Sie den kurzen Dialog und das Memo. Fragen und antworten Sie.

● Wofür interessierst du dich?
● Ich interessiere mich für Fußball.
● Für Fußball? Ich auch.

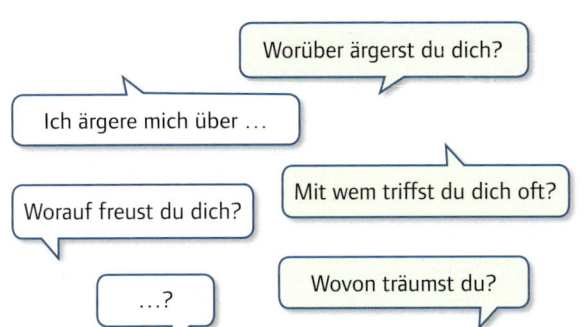

Worüber ärgerst du dich?

Ich ärgere mich über …

Worauf freust du dich?

Mit wem triffst du dich oft?

…?

Wovon träumst du?

**Memo**

**Fragen bei Verben mit Präposition**

**Bei Fragen nach Sachen:** *wo(r)-* + Präposition: *Worauf…? Wofür…? Worüber …? Wovor …?*
Woran arbeitet Amir? – An einem Fotoprojekt.
Worauf freut er sich? – Auf den Fotokurs.
Wofür interessiert er sich? – Für Fotografie.

**Bei Fragen nach Personen:** Präposition + Fragewort
Auf wen wartest du? – Auf Klaus.
Mit wem hast du gesprochen? – Mit meiner Mutter.

# C Das Hobby zum Beruf machen

**1 a** Machen Sie in Gruppen ein Brainstorming zum Thema „Vom Hobby zum Beruf" und notieren Sie Hobbys, die man zu einem Beruf machen kann. Sprechen Sie im Kurs.

> Wenn man gern fotografiert, kann man vielleicht Fotograf werden.

**1 b** Lesen Sie den Text und notieren Sie Fragen zu den kurzen Berichten: Wer ...? Was ...? Wo ...? Woher ...? Wie ...? Warum ...? Fragen und antworten Sie anschließend zu zweit.

## Ich habe mein Hobby zum Beruf gemacht

Der chinesische Philosoph Konfuzius hat gesagt: „Wähle einen Beruf, den du liebst, und du brauchst keinen Tag in deinem Leben zu arbeiten." Es gibt aber viele Menschen, die sich während der Arbeitszeit langweilen und keinen Spaß an ihren Aufgaben haben. Das ist für sie sehr belastend. Warum dann nicht sein Hobby zum Beruf machen?
5  Wir stellen Ihnen heute zwei Menschen vor, die das gemacht haben.

### Ivo Kosor – Vom Schneider zum Fernbusfahrer

Ivo Kosor kommt aus Kroatien und ist gelernter Schneider. Nachdem er nach Ulm gekommen war, arbeitete er in der Schneiderei von seinem Onkel. Aber die Arbeit als Schneider hat ihm nach
10 einigen Jahren nicht mehr gefallen. Er langweilte sich, wusste aber nicht, welche beruflichen Möglichkeiten er noch hatte.

Nachdem er eine Busreise nach Kroatien gemacht hatte, dachte er über einen Berufswechsel zum Fernbusfahrer nach, denn er hatte sich schon immer für Fernreisen und fürs Autofahren inter-
15 essiert. Nachdem er sich über die Jobmöglichkeiten als Fernbus-
fahrer informiert hatte, machte er eine Weiterbildung zum Buskraftfahrer. Jetzt arbeitet er für ein großes Reisebusunternehmen und fährt mit seinem modernen Reisebus quer durch Europa. „Als Fernbusfahrer ist man so etwas wie ein Pilot auf der Autobahn", stellt Ivo Kosor zufrieden fest. „Reisebusfahrer ist mein Traumberuf."

20 ### Yelena Kwit – Von der Bäckerin zur Erzieherin

Yelena Kwit lebt und arbeitet heute als Erzieherin in Frank-
furt. In ihrer Heimat in der Ukraine hatte sie den Beruf Bäckerin gelernt und auch in Deutschland mehrere Jahre lang in einer Großbäckerei gearbeitet. „Ich backe zwar gern Brot
25 und Brötchen, aber das frühe Aufstehen finde ich schreck-
lich. Ich musste auch jeden Tag schwere Säcke mit Mehl tragen. Ich hatte den falschen Beruf gewählt", erzählt sie.

Nachdem sie auf einer Party mit einer Freundin über Traumberufe gesprochen hatte, wusste sie, dass sie aus ihrem Job rauswollte. Aber wie? Sie ging zur Agentur für Arbeit und ließ sich beraten. Sie
30 wusste, dass sie mit Kindern arbeiten wollte. Nachdem sie eine zweijährige Umschulung zur Erziehe-
rin abgeschlossen hatte, fand sie sehr schnell eine Stelle in einer Kita. „Ich bin sehr gern Erzieherin. Die Umschulung war zwar anstrengend, aber die Arbeit mit den Kleinen macht mir sehr viel Spaß."

> *1 Warum wollen viele Menschen ihr Hobby zum Beruf machen?*
> *2 Woher kommt ...?*

**2a** Über Vergangenes berichten. Lesen Sie die folgenden Sätze aus dem Zeitungsartikel bei 1b und notieren Sie: Was ist zuerst passiert (1) und was ist danach passiert (2).

1 [1] Nachdem er nach Ulm gekommen war, ☐ arbeitete er in der Schneiderei von seinem Onkel.

2 ☐ Nachdem er eine Busreise nach Kroatien gemacht hatte, ☐ dachte er über einen Berufswechsel zum Fernbusfahrer nach.

3 ☐ Nachdem er sich über die Jobmöglichkeiten als Fernbusfahrer informiert hatte, ☐ machte er eine Weiterbildung zum Buskraftfahrer.

4 ☐ Nachdem sie auf einer Party mit einer Freundin über Traumberufe gesprochen hatte, ☐ wusste sie, dass sie aus ihrem Job rauswollte.

5 ☐ Nachdem sie eine zweijährige Umschulung zur Erzieherin abgeschlossen hatte, ☐ fand sie sehr schnell eine Stelle in einer Kita.

**2b** Was hat Ivo Kosor gemacht? Lesen Sie die Regel und schreiben Sie Sätze.

> **Regel**
>
> **Nebensätze mit *nachdem***
>
> **Das geschieht zuerst:**
> (Zeitform Plusquamperfekt)
> *Nachdem* er nach Ulm *gekommen war,*
> *Nachdem* er eine Busreise *gemacht hatte,*
>
> **Das geschieht danach:**
> (Zeitform Präteritum/Perfekt)
> *arbeitete* er in der Schneiderei von seinem Onkel.
> *hat* er über einen Berufswechsel *nachgedacht.*
>
> Das **Plusquamperfekt** bildet man mit der konjugierten Form von *haben* oder *sein* im Präteritum + Partizip II.
> Nachdem Sie eine Umschulung gemacht *hatte* … Nachdem er nach Ulm gekommen *war* …

1 mit dem Reisebus nach Kroatien fahren / sich mit dem Fahrer über den Job unterhalten

2 mit seiner Frau über einen Berufswechsel sprechen / bei seinem Onkel kündigen

3 Weiterbildung zum Buskraftfahrer abschließen / sich bei einigen Reisebusunternehmen bewerben

4 sich bei der Firma Walter-Reisen vorstellen / einen unbefristeten Arbeitsvertrag bekommen

5 den Job bekommen / noch einen Englischkurs machen

> *1 Nachdem Ivo Kosor mit dem Reisebus nach Kroatien gefahren war, hat er sich mit dem Fahrer über den Job unterhalten. / … unterhielt er sich mit dem Fahrer über den Job.*

**3** Ratespiel. Schreiben Sie mindestens fünf Sätze über Veränderungen in Ihrem Leben auf ein Blatt. Verwenden Sie auch *nachdem*. Sammeln Sie alle Blätter ein und hängen Sie sie im Kursraum auf. Raten Sie: Wer hat welchen Zettel geschrieben? Sprechen Sie anschließend über die beschriebenen Situationen.

*Nachdem ich nach Deutschland gekommen war, musste ich eine Arbeit suchen. Ich hatte zum Glück Verwandte hier. Ich habe bei Ihnen gewohnt. Die haben mir auch bei der Arbeitssuche geholfen. Nachdem ich einen Job gefunden hatte, habe ich eine kleine Wohnung gefunden.*

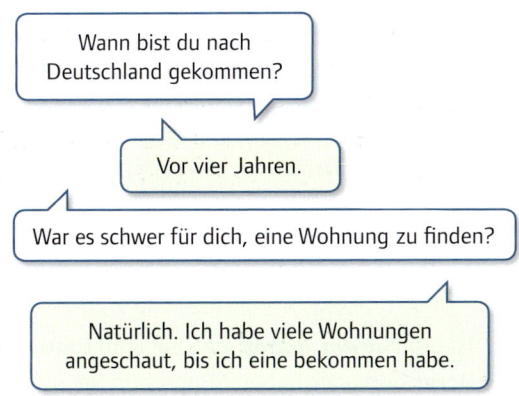

Wann bist du nach Deutschland gekommen?

Vor vier Jahren.

War es schwer für dich, eine Wohnung zu finden?

Natürlich. Ich habe viele Wohnungen angeschaut, bis ich eine bekommen habe.

**1a**   Lesen Sie den Online-Ratgeber. Ordnen Sie jedem Abschnitt eine Überschrift zu.

**A**   Den Berufswechsel planen     **B**   Berufswünsche klären     **C**   Das Hobby zum Beruf machen?

## Online-Ratgeber

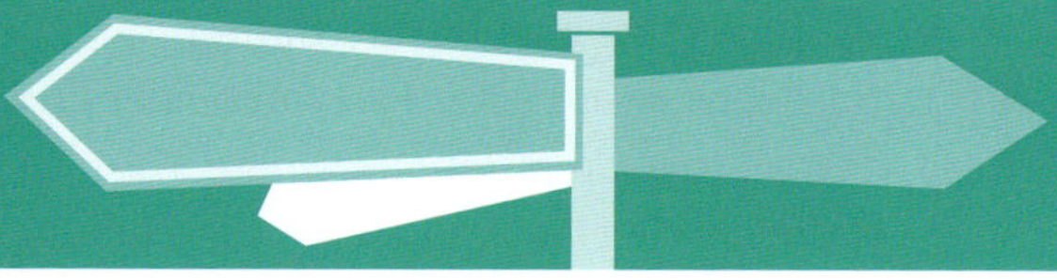

Vom Hobby zum Beruf?     <u>Welcher Beruf passt zu mir?</u>     Berufswahl-Test

**1**

Sie ärgern sich oft über Ihren Chef und Ihre Kollegen? Ihre Arbeit befriedigt Sie schon lange nicht mehr? Träumen Sie von einem Beruf, mit dem sie nicht nur Geld verdienen können, sondern der Ihnen auch richtig Spaß macht? Vielleicht fragen Sie sich deshalb: Habe ich ein Hobby, das ich zum Beruf machen kann? Denn wenn Sie ein Hobby haben, das sie sehr gern
5   ausüben, haben Sie vielleicht schon den perfekten Beruf gefunden. Dann lesen Sie jetzt unsere Tipps.

**2**

Viele fragen sich: Kann man mit allen Hobbys beruflich erfolgreich sein? Wie so oft ist die Antwort: Es kommt darauf an! Wichtig ist, dass Sie sich über die Berufsfelder, die zu Ihrem Hobby
10   passen, informieren. Reparieren Sie gern Fahrräder in Ihrer Freizeit? Dann könnten Sie in einem Fahrradladen arbeiten. Oder verbringen Sie Ihre Freizeit gern vor dem Computer? Dann könnte eine Weiterbildung in einem IT-Beruf das Richtige für Sie sein.
Die Karriereexpertin Lorena Karow aus Frankfurt betont allerdings: „Wer sein Hobby zum Beruf machen will, muss seine Fähigkeiten realistisch einschätzen." Notieren Sie also in einem
15   ersten Schritt Ihre Erfahrungen und Qualifikationen, die Sie für den neuen Job mitbringen.

**3**

In einem zweiten Schritt sollten Sie klären, welche Vor- und Nachteile der neue Beruf für Sie persönlich hat. Informieren Sie sich gründlich über Ihren Traumjob und versuchen Sie, sich ein genaues Bild von Ihrem künftigen Arbeitsalltag zu machen. Sprechen Sie mit Menschen,
20   die sich in diesem Beruf gut auskennen und die Ihnen mit ihren Erfahrungen helfen können. Nutzen Sie das Internet, um Informationen zu sammeln. Lassen Sie sich auch von Experten, etwa von der Agentur für Arbeit, beraten. Häufig fehlen aber noch wichtige Qualifikationen für Ihren Traumjob. Nutzen Sie deshalb Weiterbildungsangebote, um sich optimal auf den Berufswechsel vorzubereiten.

**1b**   Lesen Sie den Online-Ratgeber noch einmal und beantworten Sie die Fragen.

1   Wovon träumen viele Menschen?
2   Was fragen sich viele Menschen?
3   Was sollte man tun, wenn man seinen Beruf zum Hobby machen möchte?
4   Von wem kann man Informationen über den neuen Beruf bekommen?
5   Was sollte man tun, wenn man nicht die nötigen Qualifikationen für den neuen Job hat?

**2**   **Haben Sie ein Hobby, das Sie zum Beruf machen könnten? Kennen Sie Menschen, die ihr Hobby zum Beruf gemacht haben? Sprechen Sie im Kurs.**

## Kommunikation

### über Freizeitaktivitäten und Hobbys sprechen

Nach der Arbeit / In meiner Freizeit gehe ich gern joggen / ins Fitnessstudio / ins Konzert / …
Mein Hobby ist Marathonlaufen/Gartenarbeit/… / Ich surfe am liebsten im Internet / …
In meiner Freizeit engagiere ich mich ehrenamtlich in einem Fußballverein / …

### sagen, dass man (nicht) überrascht ist

Es hat mich (nicht) überrascht, dass … / Mich wundert (sehr), dass …

### Abläufe in der Vergangenheit beschreiben

Nachdem ich meine Ausbildung abgeschlossen hatte, bewarb ich mich um eine Stelle.
Nachdem ich nach Deutschland gekommen war, habe ich zuerst Deutsch gelernt.

## Grammatik

### Verben mit festen Präpositionen

| Verben mit Präpositionen + *Akkusativ* | | Verben mit Präpositionen + *Dativ* | |
|---|---|---|---|
| sich ärgern über | sich freuen über | beginnen mit | träumen von |
| sich interessieren für | es geht um | helfen bei | reden von |
| investieren in | sich freuen auf | gehören zu | sich treffen mit |
| warten auf | | teilnehmen an | |

Einige Verben haben feste Präpositionen. Manchmal ändert sich durch die Präposition die Bedeutung der Verben:

sich freuen auf (etwas in der Zukunft):   Max freut sich auf die Geschenke.
(= Er hat morgen Geburtstag und bekommt dann Geschenke.)

sich freuen über (etwas in der Gegenwart oder der Vergangenheit):   Max freut sich über die Geschenke.
(= Er hat tolle Geschenke bekommen.)

### Fragewörter bei Verben mit Präpositionen

**Bei Fragen nach Sachen:** *wo(r)*- + Präposition; das -*r*- wird eingefügt, wenn die Präposition mit einem Vokal beginnt. *Woran* …? *Worauf* …? *Wofür* …? *Worüber* …? *Wovon* …?
Woran arbeitet Amir? – An einem Fotoprojekt. / Wofür interessiert er sich? – Für Fotografie.

**Bei Fragen nach Personen:** Präposition + Fragewort: *Auf wen* …? *Für wen* …? *Bei wem* …? *Mit wem* …? …
Auf wen wartest du? – Auf Tim. / Über wen hast du gesprochen? – Über meinen Chef.

### Nebensätze mit *nachdem*

| | Plusquamperfekt | Präteritum/Perfekt |
|---|---|---|
| Nachdem er nach Ulm | gekommen war, | arbeitete er in einer Schneiderei. |
| Nachdem er eine Busreise | gemacht hatte, | hat er über einen Berufswechsel nachgedacht. |

### Plusquamperfekt

Das Plusquamperfekt bildet man mit der konjugierten Form von *haben* oder *sein* im Präteritum + Partizip II.
Mit dem Plusquamperfekt zeigt man, dass ein Ereignis vor einem anderen in der Vergangenheit passiert ist.
Es wird vor allem in der geschriebenen Sprache gebraucht.

Ulla *war* schon weggefahren, als ich ins Büro kam. / Pia *hatte* Olga geholfen. Deshalb lud Olga sie ein.

# A Hobbys und Freizeitaktivitäten

**1a** Freizeitaktivitäten. Ordnen Sie die Bilder den Freizeitaktivitäten zu und ergänzen Sie die Verben.

> fahren (3 x) • gehen • hören • laufen • machen •
> spielen (3 x) • treffen • lesen

1 ☑ D Ski *fahren* ............
2 ☐ Fahrrad ............
3 ☐ Fußball ............
4 ☐ Freunde ............
5 ☐ Selfies ............
6 ☐ Zeitung ............
7 ☐ einen Marathon ............
8 ☐ am Computer ............
9 ☐ Snowboard ............
10 ☐ ins Konzert ............
11 ☐ Musik ............
12 ☐ Gitarre ............

**1b** Hören Sie das Gespräch von Seite 22 noch einmal. Was wird gesagt? Kreuzen Sie an: richtig oder falsch.

| | | richtig | falsch |
|---|---|---|---|
| 1 | Miriam ist gestern ihren vierten Marathon in drei Stunden und 55 Minuten gelaufen. | ☐ | ☐ |
| 2 | Ein Marathonlauf hat eine Länge von mehr als 42 Kilometern. | ☐ | ☐ |
| 3 | Daria möchte auch bald einen Marathon laufen. | ☐ | ☐ |
| 4 | Wenn Miriam regelmäßig läuft, kann sie besser schlafen. | ☐ | ☐ |
| 5 | Amirs Fußballmannschaft hat am Sonntag 5:3 gewonnen. | ☐ | ☐ |
| 6 | Amirs Spieler sind zwischen neun und zehn Jahren alt. | ☐ | ☐ |
| 7 | Amir verdient als Fußballtrainer Geld. | ☐ | ☐ |
| 8 | Daria geht oft am Mittwochabend ins Konzert. | ☐ | ☐ |
| 9 | Sie spielt regelmäßig mit Freunden klassische Musik. | ☐ | ☐ |
| 10 | Amir, Daria und Miriam wollen bald gemeinsam in ein Konzert gehen. | ☐ | ☐ |

**1c** Schreiben Sie über sich. Was machen Sie in Ihrer Freizeit oft, manchmal, selten bzw. nie? Mit wem machen Sie es? Warum?

> *Ich gehe sehr gern schwimmen. Wenn das Wetter im Sommer schön ist, fahre ich am Wochenende mit meinen Freunden ins Freibad. Einmal im Monat besuche ich meine Verwandten in Gießen. Wir gehen dann meistens spazieren oder grillen im Park.*

**2** Was machen die Deutschen in ihrer Freizeit? Ergänzen Sie den Text.

Was machen die Me_____ in Deutschland in ihrer Freizeit? Trei_____ sie viel

S_____, gehen sie am Wochenende gern sh_____ oder ins Ki_____,

treffen sie Fr_____ im Café oder ver_____ sie ihre Freizeit am liebsten vor dem

Co_____ bzw. Smartphone und surfen im In_____? Sicher ist, dass die digitalen

M_____ heute zum Alltag der meisten Deutschen gehören. Aber sie lieben auch Sport – vor

allem Fu_____. Sie gehen auch gern Ra_____, Sch_____ oder

Wa_____. Im W_____ fahren sie gern in die Alpen zum Sk_____

oder Sn_____. Interessant ist auch, dass sich viele in ihrer Freizeit eh_____

engagieren und anderen Menschen helfen. Für diese Arbeit bekommen sie aber kein G_____.

**3a** Wiederholung Komparation. Ergänzen Sie in der Tabelle die Adjektive im Positiv, Komparativ und Superlativ.

| Positiv | Komparativ | Superlativ |
|---------|------------|------------|
| groß | *größer* | *am größten* |
| | kälter | |
| | | am schnellsten |
| langsam | | |
| | mehr | |
| | | am besten |
| viel | | |
| | besser | |
| beliebt | | |
| | | am kürzesten |

**3b** Schreiben Sie Sätze mit Vergleichen. Benutzen Sie *als* oder *wie*.

| | | |
|---|---|---|
| Fatiya und Fuad sprechen fast so gut Deutsch | | Sport. |
| Mario spielt genauso gern Fußball | | Basketball. |
| Mein Bruder ist so groß | | Spanisch. |
| Daria geht öfter ins Konzert | als | Tee. |
| Kaffee trinkt Wakur viel lieber | | das Spiel am letzten Wochenende. |
| Englisch spricht Martina besser | wie | ins Kino. |
| Radfahren macht mir mehr Spaß | | Wandern. |
| Paul interessiert sich mehr für Politik | | ich. |
| Das Fußballspiel heute war nicht so gut | | Arabisch. |

*Englisch spricht Martina besser als ...*

# B  Sich in der Freizeit weiterbilden

🔊 **1**  **Ein Gespräch in der Pause. Hören Sie das Gespräch zwischen Tim, Mai-Lin und Danylo.**
9       **Was wird gesagt? Kreuzen Sie an.**

|  |  | richtig | falsch |
|---|---|:---:|:---:|
| **1** | Tim, Mai-Lin und Danylo trinken in der Pause Tee. | ☐ | ☐ |
| **2** | Danylo geht mit seinem Hund auch dann spazieren, wenn das Wetter schlecht ist. | ☐ | ☐ |
| **3** | Mai-Lin besucht einmal wöchentlich einen Sprachkurs an der VHS. | ☐ | ☐ |
| **4** | Mai-Lin lernt unterwegs, aber auch zu Hause. | ☐ | ☐ |
| **5** | Danylo möchte ebenfalls einen Sprachkurs besuchen. | ☐ | ☐ |
| **6** | Tim fotografiert schon seit Jahren viel in seiner Freizeit. | ☐ | ☐ |

**2**  **Lesen Sie die FAQ-Seite der VHS Unterrode. Welche Wörter passen in die Lücken 1–10?**
     **Wählen Sie aus und kreuzen Sie an: a, b oder c.**

www.vhs-unterrode.de/faq

**VHS UNTERRODE**

| Home | Kurse | Anmeldung | Häufig gestellte Fragen | Über uns | Kontakt |

Willkommen im FAQ-Bereich, dem Bereich mit den „häufig gestellten ....1.... " der VHS Unterrode.

*Och die*

....2.... erscheint das neue Kursprogramm?

→ Ende Juli für das Herbst- und Wintersemester und Ende Januar für das Frühjahrs- und Sommersemester.

**Wo bekomme ich das Kursprogramm?**

→ Unser Kursprogramm ....3.... Sie in der VHS am Marktplatz 1 und in verschiedenen Einrichtungen in Unterrode, z.B. in der Stadtbibliothek und in den meisten Buchhandlungen.

**Wie finde ich einen Kurs zu einem bestimmten Thema?**

→ Am einfachsten geht es, ....4.... Sie hier auf der Webseite nach einem Stichwort suchen.

**Wie kann ich mich zu einem Kurs anmelden?**

→ Sie können sich online, schriftlich, persönlich oder telefonisch ....5.... uns anmelden.

**Was mache ich, wenn der Kurs schon ausgebucht ist?**

→ Wenn ein Kurs schon ausgebucht ist, ....6.... Sie sich trotzdem anmelden. Sie werden dann auf eine Warteliste ....7.... .

**Welche Themen werden angeboten?**

→ Unsere Kurse sind nach Programmbereichen geordnet. ....8.... gehören die „Fremdsprachen", „Deutsch und Integration", „Gesundheit und Ernährung", „Kunst und Kultur", „Computer und Internet", „Beruf und Karriere", „Politik und Gesellschaft" sowie „Natur und Umwelt".

**Wie bezahle ich die Kursgebühr?**

→ Bei schriftlichen, telefonischen und Online-Anmeldungen ....9.... die Bezahlung per Bankeinzugsverfahren.

**Wer kann Kurse an der VHS besuchen?**

→ Jede Person, die älter ....10....15 Jahre ist.

| | **a** | | **b** | | **c** | | | **a** | | **b** | | **c** | |
|---|---|---|---|---|---|---|---|---|---|---|---|---|---|
| **1** | ☐ | Antworten | ☐ | Fragen | ☐ | Probleme | **6** | ☒ | können | ☐ | müssen | ☐ | sollen |
| **2** | ☐ | Wo | ☐ | Wann | ☐ | Wie | **7** | ☐ | gesetzt | ☐ | setzen | ☐ | gesessen |
| **3** | ☐ | erhaltet | ☐ | erhält | ☐ | erhalten | **8** | ☐ | Wozu | ☐ | Dafür | ☐ | Dazu |
| **4** | ☐ | dass | ☐ | weil | ☐ | wenn | **9** | ☐ | erreicht | ☐ | erhält | ☐ | erfolgt |
| **5** | ☐ | bei | ☐ | mit | ☐ | für | **10** | ☐ | als | ☐ | wie | ☐ | so wie |

**2**

## 3a Sätze aus dem Alltag. Ergänzen Sie die Präpositionen.

1  Oleg denkt abends oft noch ............................................ seine Fortbildung.

2  Ich kann nach dem Deutschkurs einfach nicht ............................................ einen Mittagsschlaf verzichten.

3  Ira rechnet ............................................ einem Platz im Wirtschaftskurs bei der VHS.

4  Hast du unserer Dozentin schon ............................................ ihrem Geburtstag gratuliert?

5  Wann müssen wir morgen ............................................ der Arbeit anfangen?

6  Henk hat letztes Jahr ............................................ dem Rauchen aufgehört.

## 3b Weitere Verben mit fester Präposition. Kreuzen Sie die passende Präposition an und entscheiden Sie, ob Dativ oder Akkusativ folgt. Schreiben Sie anschließend Sätze im Perfekt wie im Beispiel.

|  | an | auf | für | gegen | mit | über | um | von | + Akk. | + Dat. |
|---|---|---|---|---|---|---|---|---|---|---|
| *ich* 1 sich ärgern |  |  |  |  |  | X |  |  | X |  |
| 2 sich freuen *die* |  |  |  |  |  |  |  |  |  |  |
| 3 sich entscheiden *er* |  |  |  |  |  |  |  |  |  |  |
| 4 sich bewerben *sie* |  |  |  |  |  |  |  |  |  |  |
| 5 sich beschäftigen *wir* |  |  |  |  |  |  |  |  |  |  |
| 6 sich erinnern *ihr* |  |  |  |  |  |  |  |  |  |  |
| *sie (Pl.)* 7 sich interessieren |  |  |  |  |  |  |  |  |  |  |
| *wir* 8 sich durchsetzen |  |  |  |  |  |  |  |  |  |  |
| *ihr* 9 sich vorbereiten |  |  |  |  |  |  |  |  |  |  |
| *du* 10 sich verabschieden |  |  |  |  |  |  |  |  |  |  |

*1 Ich habe mich gestern über das schlechte Fußballspiel geärgert.*

## 4a Fragen nach Personen oder Sachen. Schreiben Sie die Fragen zu den Sätzen. Was hat Ute gemacht?

1  ● *Mit wem hat Ute gesprochen?* ............................

● Sie hat mit einer Dozentin gesprochen.

2  ● ............................................ ?

● Sie hat sich über die Termine für den Kurs informiert.

3  ● ............................................ ?

● Nach dem Kurs trifft sie sich mit ihrem Mann.

4  ● ............................................ ?

● Sie interessiert sich für alle Office-Anwendungen.

## 4b Fragewörter. Schreiben Sie Fragen und Antworten.

1  Frans – sich ärgern … / die langen Arbeitstage

2  Ada – sich streiten … / ihrer Arbeitskollegin

3  Piet – träumen … / einem Urlaub mit der ganzen Familie

4  ihr – sich freuen … / das Wochenende

5  du – sich interessieren … / einen Tanzkurs an der VHS

6  Amin – sich verabschieden … / Herrn Polt

*1 Worüber ärgert sich Frans? – Er ärgert sich über die langen Arbeitstage.*

# C  Das Hobby zum Beruf machen

**1 a**  Wiederholung von Nebensätzen mit *seit*, *als* und *bevor*. Was passt zusammen? Verbinden Sie.

1  Bevor Ivo Kosor nach Deutschland gekommen ist, hat er eine Ausbildung
2  Als er vor sechs Jahren nach Deutschland kam, hat
3  Bevor er die Weiterbildung zum Busfahrer gemacht hat, informierte er
4  Als er die Weiterbildung abgeschlossen hat,
5  Seit er Fernbusfahrer geworden ist,

a  feierte er das mit seiner Familie.
b  zum Schneider gemacht.
c  sich über die Jobmöglichkeiten.
d  ist er mit seinem Leben zufrieden.
e  er einen Job bei seinem Onkel bekommen.

**1 b**  Wiederholung von Nebensätzen mit *während*. Yelena Kwit macht immer mehrere Sachen gleichzeitig. Schreiben Sie Sätze.

1  Morgens frühstückt Yelena Kwit und hört immer Radio.

*Während Yelena Kwit morgens frühstückt, hört sie immer Radio.*

2  Sie fährt mit der U-Bahn zur Kita und checkt ihre E-Mails.

3  Sie geht zur Kita und denkt über den Tagesplan nach.

4  Sie isst zu Mittag und unterhält sich mit den anderen Erzieherinnen.

5  Abends kocht sie und schaut fern.

**1 c**  Esha Patels Leben. Ergänzen Sie die Sätze.

> mit • während • nach • seit • über • bevor • an

Esha Patel ist in Indien aufgewachsen. .................................................. sie vor vier

Jahren nach Deutschland gekommen ist, hat sie in Mumbai sehr gerne ihrer

Tante im Garten geholfen. .................................................. sie in Ulm Deutsch ge-

lernt hat, hat sie sich schon .................................................. Jobmöglichkeiten in

Gärtnereien informiert. Gleich .................................................. dem Deutschkurs

hat sie .................................................. einer einjährigen Weiterbildung im Bereich Gartenbau teil-

genommen. Sie hatte Angst vor der Prüfung, aber sie hat sie bestanden. ..................................................

sie bei einer Gärtnerei fest angestellt ist, ist sie .................................................. ihrem Leben sehr zufrieden.

**1 d**  Schreiben Sie einen kurzen Text über sich mit *seit*, *als*, *bevor* und *während*.

- *Bevor ich nach Deutschland gekommen bin, …*
- *Als ich im Jahr … nach Deutschland kam, …*
- *Seit ich in … lebe, …*
- *Während ich …*

**2 a**  Plusquamperfekt. Bilden Sie die richtigen Formen.

**1**  du – in Urlaub fahren: *du warst in Urlaub gefahren*

**2**  Herr und Frau Otto – Freunde besuchen: ........................................................................................................

**3**  ihr – auf der Party bleiben: ........................................................................................................

**4**  sie (Sg.) – einen Kaffee trinken: ........................................................................................................

**5**  es – regnet: ........................................................................................................

**6**  wir – hier arbeiten: ........................................................................................................

**7**  er – in München sein: ........................................................................................................

**8**  ich – ein Brot essen: ........................................................................................................

**2 b**  Was geschah zuerst (Plusquamperfekt), was danach (Präteritum oder Perfekt)? Schreiben Sie Sätze wie im Beispiel.

**1**  Elham: letzten Monat bei der Beratung im BiZ sein / sie: danach an einer Weiterbildung teilnehmen
**2**  Natalya: vor ein paar Wochen Stellenanzeigen lesen / sie: wenig später sich darauf bewerben
**3**  IT-Abteilung: vorgestern die Probleme mit dem Drucker lösen / wir: deshalb gestern Morgen wieder drucken können
**4**  Fjodor: gestern einen Computer kaufen / er: danach gestern Abend wieder im Web surfen können

> *1 Letzte Woche war Elham bei der Beratung im BiZ gewesen.*
> *Danach hat sie an einer Weiterbildungsmaßnahme teilgenommen.*

**2 c**  Verbinden Sie die Sätze aus 2b. Benutzen Sie den Konnektor *nachdem*.

> *1 Nachdem Elham letzte Woche bei der Beratung im BiZ gewesen war,*
> *hat sie an einer Weiterbildungsmaßnahme teilgenommen.*

**3**  Ein ganz normaler Arbeitstag. Sehen Sie sich die Bilder an und beschreiben Sie, wie Pieters Arbeitstag abgelaufen ist. Benutzen Sie *nachdem*.

> *Nachdem Pieter in der Autowerkstatt angekommen war, zog er sich um.*
> *Nachdem er sich umgezogen ...*

# D  Neustart im Job

**1**  **Nomen und Verben. Was passt zusammen? Ordnen Sie zu. Es gibt mehrere Möglichkeiten.**

1  ein Hobby *ausüben, haben, betreiben, pflegen*

2  einen Beruf ........................................

3  einen Tipp ........................................

4  Freizeit ........................................

5  einen Fahrradladen ........................................

6  Informationen ........................................

7  ein Weiterbildungsangebot ........................................

8  eine Qualifikation ........................................

9  Spaß ........................................

10  das Internet ........................................

> betreiben • sammeln •
> haben • ergreifen •
> mitbringen • eröffnen •
> durchsuchen • verstehen •
> nutzen • machen • geben •
> wahrnehmen • erwerben •
> verbringen • lernen •
> ausüben • erhalten •
> schließen • pflegen •
> suchen • austauschen •
> bekommen • nutzen

**2**  **Lesen Sie das Interview zum Thema Karriereberatung. Ergänzen Sie.**

> **a** Weiterbildung • **b** Kollegen • **c** Beruf • **d** Chancen • **e** Arbeitsplatz • **f** Menschen •
> **g** ~~Betriebsklima~~ • **h** Hobby • **i** Schritte • **j** Berufswechsel • **k** Beschäftigten • **l** Geld

# Fragen an die Karriereberaterin
## *Lorena Karow*

Lorena Karow, Karriereexpertin

**Frage |** Frau Karow, aktuelle Umfragen zeigen, dass fast jeder dritte Arbeitnehmer in Deutschland über einen ☐ nachdenkt. Gibt es wirklich so viele Menschen, die mit ihrem ☐ unzufrieden sind?

**L. Karow |** Ja, leider. Weniger als die Hälfte der ☐ sind glücklich im Beruf.

**Frage |** Warum sind so viele Menschen mit ihrem Job unzufrieden?

**L. Karow |** Es gibt viele Gründe für Unzufriedenheit am ☐. Es gibt aber drei Gründe, die sehr häufig genannt werden. Viele Arbeitnehmer glauben, dass sie nicht genug ☐ verdienen. Dann leiden viele Arbeitnehmer unter Stress. Und ein dritter Grund ist, dass das ☐g schlecht ist. Viele Beschäftigte haben ja Probleme mit ☐ oder dem Chef.

**Frage |** Was raten Sie ☐, die dauerhaft im Beruf unzufrieden sind?

**L. Karow |** Sie sollten überlegen, ob es berufliche Alternativen für sie gibt.

**Frage |** Es gibt ja viele Menschen, die gern ihr ☐ zum Beruf machen möchten. Kann das funktionieren?

**L. Karow |** Das kann funktionieren. Aber man sollte die ☐ zum neuen Job genau planen. Braucht man dafür zum Beispiel eine ☐? Man sollte allerdings die ☐ und Risiken von einem beruflichen Neustart realistisch einschätzen.

## A Hobbys und Freizeitaktivitäten

| | beliebt | |
| die | Bezahlung | |
| | ohne Bezahlung arbeiten | |
| | ehrenamtlich | |
| | sich engagieren für (+ Akk.) | |
| | faulenzen | |
| | freiwillig | |
| | seine Freizeit verbringen | |
| die | Gesellschaft, -en | |
| das | Interesse, -n | |
| | regelmäßig | |
| die | sozialen Medien (Pl.) | |
| | Sport treiben | |
| | trainieren | |
| | es überrascht mich | |
| | es wundert mich | |

## B Sich in der Freizeit weiterbilden

| | sich ärgern über (+ Akk.) | |
| der | Berufsalltag (Sg.) | |
| die | Erfahrung, -en | |
| | Erfahrung haben mit (+ Dat.) | |
| | sich freuen auf (+ Akk.) | |
| | sich freuen über (+ Akk.) | |
| | gehören zu (+ Dat.) | |
| | es geht um (+ Akk.) | |
| | Gespräche führen | |
| | sich interessieren für (+ Akk.) | |
| | investieren in (+ Akk.) | |
| | statt}finden | |
| | etw. vermitteln | |
| die | Voraussetzung, -en | |
| die | Webseite, -n | |

## C Das Hobby zum Beruf machen

| | anstrengend | |
| der | Arbeitsvertrag, "-e | |
| der | Berufswechsel (Sg.) | |
| der | Buskraftfahrer, – | |

| die | Buskraftfahrerin, -nen | |
| der | Erzieher, – | |
| die | Erzieherin, -nen | |
| die | Jobmöglichkeit, -en | |
| die | Kita,-s | |
| | sich langweilen | |
| die | Möglichkeit, -en | |
| | nach}denken über (+ Akk.) | |
| das | Reisebusunternehmen, – | |
| die | Schneiderei, -en | |
| die | Stelle, -n | |
| | eine Stelle finden | |
| der | Traumberuf, -e | |
| die | Umschulung, -en | |
| | eine Umschulung ab}schließen | |
| | unbefristet | |
| | sich unterhalten mit (+ Dat.) | |
| | sich unterhalten über (+ Akk.) | |
| | zufrieden | |

## D Neustart im Job

| | sich aus}kennen | |
| das | Berufsfeld, -er | |
| der | Berufswechsel, – | |
| der | Beschäftigte, -n | |
| die | Beschäftigte, -n | |
| | erfolgreich | |
| | ein Hobby ausüben | |
| der | IT-Beruf, -e | |

# 3 Waren – Branchen – Handel

A ☐

B ☐

C ☐

D ☐

E ☐

F ☐

## A Was und wie wir einkaufen

🔊 **1a** Einkaufsgespräche. Hören Sie die Dialoge 1–6 und ordnen Sie sie den Fotos zu. Zwei Fotos passen nicht.
10

**1b** Einkaufsgewohnheiten. Arbeiten Sie zu zweit. Befragen Sie sich gegenseitig, wo Sie was einkaufen und warum. Worauf achten Sie beim Einkaufen?

> Wo kaufen Sie Lebensmittel?

> Lebensmittel kaufe ich meistens im Supermarkt, weil sie dort billiger sind als auf dem Markt. Ich achte sehr auf den Preis.

> Bücher kaufe ich gerne …

**Redemittel**

Auf dem Markt/Online/… kaufe ich regelmäßig/selten/… ein, weil …
Wenn ich … brauche, gehe ich …
… kaufe ich oft im Internet. / … bestelle ich oft im Internet.
Für mich ist eine gute Beratung am wichtigsten.
Ich achte beim Einkaufen vor allem auf die Qualität / den Preis …
Wenn ich … kaufe, ist Qualität / eine gute Beratung / der Preis/ … für mich (besonders) wichtig.

**1c** Berichten Sie im Kurs über Ihre Partnerin / Ihren Partner.

**Sie lernen**

- über Einkaufsgewohnheiten sprechen
- über Produktwege sprechen
- über Berufe und Berufswünsche sprechen
- über eine Statistik sprechen
- Passiv (Präsens und Präteritum)
- Konjunktiv II (Wünsche ausdrücken; Bedingungssätze mit *wenn*)

**2 a** Das kaufen die Deutschen im Internet. Sehen Sie sich die Statistik an und sprechen Sie darüber. Die Redemittel helfen.

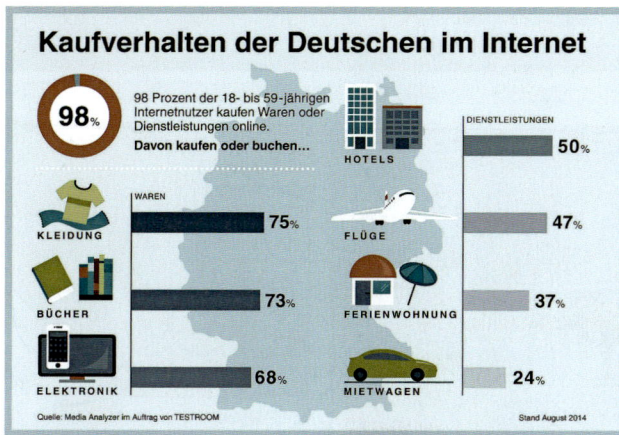

### Kaufverhalten der Deutschen im Internet

**98**% 98 Prozent der 18- bis 59-jährigen Internetnutzer kaufen Waren oder Dienstleistungen online.
**Davon kaufen oder buchen...**

WAREN

KLEIDUNG **75**%

BÜCHER **73**%

ELEKTRONIK **68**%

DIENSTLEISTUNGEN

HOTELS **50**%

FLÜGE **47**%

FERIENWOHNUNG **37**%

MIETWAGEN **24**%

Quelle: Media Analyzer im Auftrag von TESTROOM    Stand August 2014

> **Redemittel**
>
> Am meisten bestellen die Deutschen im Internet Kleidung. / Mit 75% steht Kleidung an erster Stelle.
> An zweiter Stelle steht/stehen ..., gefolgt von ...
> Die Deutschen geben online mehr/weniger für ... aus als für ...
> Am wenigsten kaufen sie ... / An letzter Stelle steht/stehen ...

**2 b** Eine Umfrage zum Online-Kauf. Lesen Sie die Aussagen der Leute und machen Sie Notizen zu den Vor- und Nachteilen des Online-Kaufs.

**A** Im Internet kaufe ich vor allem Klamotten, Bücher und Möbel. Ich finde es super, dass man nicht von Öffnungszeiten abhängig ist. Und ich kann jederzeit ganz bequem von zu Hause bestellen, die Sachen werden geliefert, man muss sie nicht nach Hause tragen. Man ist dann halt von Lieferzeiten abhängig. Aber das ist mir egal.
*Lina Kuhl*

**C** Im Internet buche ich in erster Linie meinen Urlaub – suche Flüge, Hotels und so. Wenn ich sowieso genau weiß, was ich will und wohin ich will, finde ich das super bequem. Oft ist es auch billiger, als die Reise im Reisebüro zu kaufen.
*Vera Maaß*

**B** Oft lohnt es sich, im Internet zu bestellen. Einen Fernseher kann man manchmal fast 500 Euro billiger bekommen. Aber aufgepasst: Oft soll man ja bei einer Bestellung schon im Voraus bezahlen. Da muss man vorsichtig sein. Nur bei wenigen Anbietern kann man auf Rechnung bezahlen. Wenn das nicht geht, habe ich keine Lust, online zu kaufen. Und Klamotten kaufe ich ohnehin lieber im Kaufhaus. Dann kann ich sie anprobieren und weiß sofort, ob sie mir passen. Und ich bekomme eine persönliche Beratung.
*Jamie Livero*

**D** In der Vergangenheit habe ich viel online eingekauft: An erster Stelle standen Bücher, an zweiter Stelle Elektronik-Artikel und selten auch mal eine Reise. Inzwischen machen bei uns aber immer mehr kleine Geschäfte zu, weil sie mit der Konkurrenz aus dem Internet nicht mithalten können. Das finde ich schade. Bücher kaufe ich jetzt wieder hier im Buchladen, den ich damit unterstützen kann. Außerdem belastet der Online-Handel durch den Lieferverkehr die Umwelt.
*Paul Wenner*

| Vorteile | Nachteile |
|---|---|
| nicht von Öffnungszeiten abhängig, bequem | man ist abhängig von Lieferzeiten |

**2 c** Kaufen Sie online ein? Was kaufen Sie und warum (nicht)? 2b hilft.

> Beim Kaufen im Internet bin ich vorsichtig. Ich überweise nicht gern Geld, wenn ...

> Ich kaufe gern online, weil ich dann immer einkaufen kann, auch spät abends oder am Sonntag.

# B   Vom Produkt zum Kunden

**1a** Zu Besuch bei einer Möbelfirma. Hören Sie die Begrüßung des Firmenchefs. Machen Sie Notizen zu den vier Stichwörtern.

11

Gründung der Firma:
Transportwege:
Mitarbeiterzahl:
Umweltfreundlichkeit:

Öko-Möbel proNatur –
der Umwelt zuliebe

**1b** Hören Sie, wie die Betriebsbesichtigung weitergeht. Ordnen Sie die verschiedenen Stationen (1–6) auf dem Weg, den die Waren nehmen, den Bildern zu.

12

A   Lager

B   Forschung und Entwicklung

C   Vertrieb

D   Großhandel

E   Einzelhandel

F   Produktion/Herstellung

G   Versand

H   Transport

**1c** Ordnen Sie die Sätze den Illus zu.

1 ☐ Hier werden die frisch produzierten Möbel aufbewahrt.
2 ☐ Hier wird eine große Menge Möbel gekauft, gelagert und an Zwischenhändler weiterverkauft.
3 ☐ In den einzelnen Möbelgeschäften wird alles an die Endkunden verkauft.
4 ☐ Hier wird der Absatz geschätzt, die Absatzwege werden geplant.
5 ☐ Hier werden die Möbel hergestellt, Holz wird zersägt.
6 ☐ Hier werden neue Produkte entwickelt.
7 ☐ Die Waren werden von der Spedition abgeholt und zu den Kunden gebracht.
8 ☐ Hier werden die Rechnungen und Lieferscheine für den Versand ausgestellt, die Spedition wird beauftragt.

**2 a**  Wann Aktiv und wann Passiv? Ordnen Sie die Bilder und Beispiele den Erklärungen (a, b) zu.

Aktiv: Der Schreiner zersägt das Holz.

Passiv: Das Holz wird zersägt.

a ☐  Wichtig ist der Vorgang. Was passiert?
b ☐  Wichtig ist die handelnde Person. Wer macht was?

**2 b**  Lesen Sie die Regel und ergänzen Sie sie.

> **Regel**
>
> Das Passiv Präsens bildet man mit der konjugierten Form von ................................... im Präsens + Partizip II.
>
> Im Passivsatz ist die aktive Person nicht wichtig. Man kann sie trotzdem angeben:
> Aktiv:  Der Schreiner zersägt das Holz.  →  Passiv: Das Holz wird (vom Schreiner) zersägt.
>
> Der Schreiner zersägt die Bretter.  →  Die Bretter werden (vom Schreiner) zersägt.

**2 c**  Schreiben Sie die Sätze im Passiv. Die Partizipien rechts helfen.

1  Die Mitarbeiter entwickeln ständig neue Produkte.
2  Die Mitarbeiter warten die technischen Anlagen
3  Die Mitarbeiter prüfen jede Lieferung genau.
4  Der Großhandel kauft die Möbel in großen Mengen ein.
5  Der Großhandel liefert die Möbel an die einzelnen Möbelgeschäfte.
6  Die Mitarbeiter beobachten den Markt.
7  Ein Mitarbeiter beauftragt die Spedition.

~~entwickelt~~
beobachtet
geprüft
gewartet
beauftragt
eingekauft
geliefert

○ *1 Ständig werden neue Produkte entwickelt. / Neue Produkte*
○ *werden ständig entwickelt.*

**3 a**  Vom Lager zum Kunden – ein ganz normaler Tag. Schreiben Sie die Sätze im Passiv Präsens.

> ein Container auf den LKW verladen • die Waren im Lager abholen •
> die Waren zu den Kunden transportieren • die Einzelteile beim Kunden montieren •
> das Geld kassieren • die leere Verpackung mitnehmen und entsorgen

○ *Ein Container wird auf den LKW verladen. Dann werden die ...*

**3 b**  Letzte Woche hat nichts funktioniert. Schreiben Sie die Sätze im Passiv Präteritum.

> die Waren drei Monate zu spät liefern •
> einen Tisch mit falschen Maßen zustellen •
> einen anderen Schrank falsch aufbauen •
> die Rechnung nicht bezahlen

> **Regel**
>
> Beim Passiv Präteritum steht die konjugierte Form von *werden* im Präteritum.
> Der Tisch *wurde* bestellt. Die Möbel *wurden* produziert.

41

# C  Berufe und Branchen

**1a**  Berufe und Branchen. Welche Berufe haben Sie erlernt? In welchen Berufen arbeiten Sie? Sammeln Sie in Gruppen und stellen Sie Ihre Liste im Kurs vor.

**1b**  Welcher Beruf (1–12) passt zu welcher Branche? Ordnen Sie zu.

| | | | |
|---|---|---|---|
| **1** Lagerist/-in | **5** Hotelkaufmann/-kauffrau | **9** Chemiker/-in |
| **2** Tischler/-in | **6** Ingenieur/-in | **10** Koch/Köchin |
| **3** Verkäufer/-in | **7** LKW-Fahrer/-in | **11** Kaufmann/Kauffrau |
| **4** Programmierer/-in | **8** Maurer/-in | **12** Web-Designer/-in |

IT-Branche

Wissenschaft & Forschung

Transport und Logistik

Handel

Handwerk

Gastronomie

**1c**  Wer macht was? Welche Tätigkeiten passen zu welchen Berufen in 1a? Arbeiten Sie zu zweit und machen Sie Minidialoge.

Waren annehmen und kontrollieren • Gerätetechnik verbessern • den Versand planen und organisieren • Speisen zubereiten • Waren zustellen • PC-Probleme lösen • auf der Baustelle arbeiten • den Markt analysieren • Holz bearbeiten • Maschinen konstruieren • Internetseiten gestalten • Gäste betreuen • sägen • Waren bestellen • Vertriebswege planen • im Labor arbeiten • Waren befördern • Reservierungen bearbeiten • Bilder bearbeiten • Kunden bedienen • Software entwickeln • mit Beton arbeiten • Stoffe analysieren • am Computer arbeiten • Speisekarten erstellen

Was macht ein Ingenieur?

Ich glaube, dass ein Ingenieur zum Beispiel die Gerätetechnik verbessert.

Ich denke, ein Web-Designer gestaltet Internetseiten.

Ja, und er bearbeitet Bilder.

**2**  Was sind typische Tätigkeiten in Ihrem (Traum-)Beruf? Suchen Sie im Wörterbuch oder gehen Sie auf die Seite www.berufe.net. Schreiben Sie einen kleinen Text über die Tätigkeiten in diesem Beruf. Hängen Sie die Texte im Kursraum auf. Die anderen raten, wer die Zettel geschrieben hat.

Ich glaube, das hat Alfonso geschrieben.

Warum?

Er ist immer so lieb zu Kindern.

## 3a Berufswünsche. Hören Sie, was die Personen über sich erzählen, und ergänzen Sie die Tabelle.

|  | Beruf | Tätigkeiten | Wünsche |
|---|---|---|---|
| Lothar Hirz |  |  |  |
| Anna Kipp |  |  |  |
| Paolo Reda |  |  |  |

## 3b Wie drücken die drei Personen ihre Wünsche aus? Lesen Sie die Regel und ergänzen Sie *wäre*, *hätte* und *würde*.

L. Hirz: Ich ............................... gern bei einem städtischen Verkehrsbetrieb arbeiten.

Ich ............................... gern geregelte Arbeitszeiten.

A. Kipp: Ich ............................... gern ein besseres Gehalt.

Ich ............................... gern in meinem gelernten Beruf tätig.

P. Reda: Ich ............................... gern meine Selbstständigkeit aufgeben.

Ich ............................... gern Kundenberater.

> **Regel**
>
> Wünsche formuliert man mit dem Konjunktiv II:
> Ich *wäre* gern …
> Ich *hätte* gern …
> Ich *würde* gern + Infinitiv
> (*Ich würde gern … arbeiten.*)

## 3c Und was wünschen Sie sich? Sprechen Sie im Kurs.

> Ich hätte gern viele Kinder.

> Ich würde gern am Flughafen arbeiten.

> Ich wäre jetzt gern …

## 4a Paolo Reda träumt von besseren Zeiten. Lesen Sie den Text und markieren Sie alle Konjunktive. Schreiben Sie den Text weiter.

> Ich wäre gern Kundenberater. Wenn ich Kundenberater wäre, hätte ich feste Arbeitszeiten und müsste nicht am Wochenende arbeiten. Dann könnte ich auch mal länger Urlaub machen. Wenn …

> **Regel**
>
> Irreale Bedingungen drückt man mit *wenn* und Konjunktiv II aus: Wenn es nicht so teuer wäre, würde ich studieren.
> Sonderformen des Konjunktiv II:
> ich habe > ich *hätte*       ich kann > ich *könnte*
> ich bin > ich *wäre*        ich muss > ich *müsste*

Wenn / ich länger Urlaub machen / können – ich nach Italien fliegen und bei meiner Familie sein. Wenn / ich in Italien bei meiner Familie / sein – ich mit ihr auf den Vesuv wandern. Wenn ich in …

> *Wenn ich länger Urlaub …*

## 4b Was würden Sie machen, wenn? Was wäre, wenn? Arbeiten Sie in Gruppen. Fragen und antworten Sie.

> Wenn ich viele Kinder hätte, wäre ich …

> Was wäre, wenn Sie viele Kinder hätten?

> Was würdest du machen, wenn du eine feste Stelle hättest?

> Wenn ich eine feste Stelle hätte, müsste ich nicht mehr …

# D  Lokal liefern lassen

**1 a**  „Lokal Liefern Lassen". Was könnte sich hinter diesem Titel verbergen? Sammeln Sie Ideen.

**1 b**  Lesen Sie den Text aus einer Werbebroschüre und ordnen Sie die Überschriften zu.

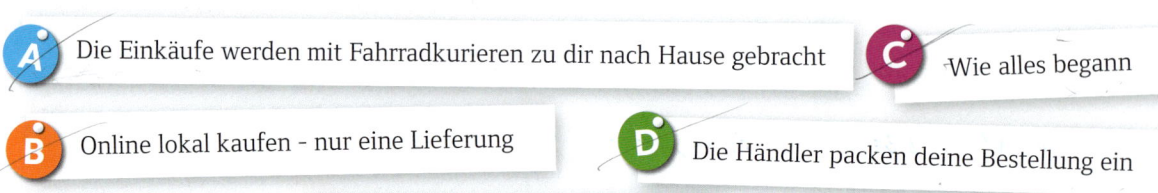

**A** Die Einkäufe werden mit Fahrradkurieren zu dir nach Hause gebracht

**C** Wie alles begann

**B** Online lokal kaufen - nur eine Lieferung

**D** Die Händler packen deine Bestellung ein

**E** Zu lange, überflüssige Wege

---

### Das Kiezkaufhaus – Lokal Liefern Lassen

☐ Unser Shop bietet die liebevoll handverlesenen Sortimente lokaler unabhängiger Fachgeschäfte aus Wiesbaden. Du kannst dich in allen Läden umschauen und eine gemeinsame
5 Einkaufstasche packen – egal, bei wie vielen Händlern du bei uns bestellst.

☐ Deine Bestellung leiten wir an die verschiedenen Händler weiter. Jeder, bei dem du bestellt hast, bekommt deine Einkaufsliste und packt
10 dir eine Tasche, genau so, als wärst du persönlich im Laden. Auch deine Sonderwünsche und Vorlieben bekommen die Händler übermittelt.

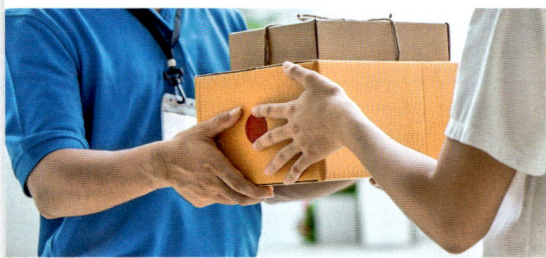

☐ Freundliche Rentner auf mit Ökostrom geladenen Lasten-E-Bikes fahren die einzelnen
15 Händler ab und sammeln deine Einkäufe ein. Sie packen die Einkäufe in eine große Tasche, die sie noch am selben Tag zu dir liefern. An der Tür bezahlst du beim Fahrer die gesamte Summe bar oder per EC-Karte.

20 ☐ Angefangen hat es vor über einem Jahr, als wir uns wieder einmal über den ganzen Liefer-Wahnsinn geärgert hatten. Wenn man ein Buch bei Amazon in Wiesbaden bestellt, kann es sein, dass dieses Buch aus Lagerhallen in Polen
25 kommt, obwohl der Verlag unter Umständen in Frankfurt sitzt. Jeden Tag fahren deshalb Unmengen an Lieferwagen über Deutschlands Straßen. Allein 800.000 Pakete werden täglich retourniert – das entspricht einem Ausstoß
30 von 400 Tonnen $CO_2$.

☐ Natürlich wissen wir alle, warum das so ist: Neben dem Preis spielt die Bequemlichkeit eine große Rolle. Zwei Klicks und schon wird am nächsten Tag ein Paket von Zalando, Amazon
35 & Co geliefert. Das ist zwar sehr praktisch, aber nur, wenn man nicht zu sehr hinter die Kulissen schaut. Wir dachten, hier sollte sich was ändern. Die Idee vom Kiezkaufhaus war geboren: Im Wesentlichen ist es ein lokaler Bringservice, der
40 auf den lokalen, bestehenden Fachgeschäften basiert – vereint auf einer Online-Plattform, dem Kiezkaufhaus.

---

**1 c**  Lesen Sie den Text noch einmal. Was steht im Text? Kreuzen Sie an: richtig oder falsch?

| | | richtig | falsch |
|---|---|:---:|:---:|
| 1 | Im Kiezkaufhaus kann man auch persönlich vorbeikommen. | ☐ | ☐ |
| 2 | Die Händler behandeln Online-Kunden genauso wie Kunden, die in ihr Geschäft kommen. | ☐ | ☐ |
| 3 | Die meisten Händler sind schon älter. | ☐ | ☐ |
| 4 | Man zahlt nach Erhalt der Ware. | ☐ | ☐ |
| 5 | Für die Betreiber des Kiezkaufhauses spielt der Umweltschutz eine große Rolle. | ☐ | ☐ |
| 6 | Das Kiezkaufhaus ist ein großes Online-Fachgeschäft. | ☐ | ☐ |

**1 d**  Würden Sie Produkte bei „Lokal Liefern Lassen" bestellen? Warum (nicht)? Tauschen Sie sich aus.

## Kommunikation

### über Einkaufsgewohnheiten sprechen

Lebensmittel kaufe ich immer auf dem Markt. / Besonders wichtig ist für mich ein großes Angebot.
Ich kaufe immer online. Das ist schnell und bequem.
Ich kaufe lieber im Fachgeschäft, eine gute Beratung ist mir wichtig.

### über Berufe und Berufswünsche sprechen

Ein Programmierer entwickelt Software. / Ein Lagerist kontrolliert die Waren.
Ich würde gern im Hotel arbeiten. / Ich wäre gern Rezeptionistin. / Ich hätte gern eine feste Stelle.

### über Produktwege sprechen

Nach der Herstellung kommen die Waren ins Lager. Von dort werden sie an den Groß- und den Einzelhandel geliefert. Der Einzelhandel verkauft die Waren an den Endkunden.

### über eine Statistik sprechen

Am meisten bestellen die Deutschen … / Am wenigsten kaufen sie …
… steht an erster Stelle. / An zweiter Stelle steht/stehen …, gefolgt von … / An letzter Stelle steht/stehen …
Die Deutschen geben online mehr/weniger für … aus als für …

## Grammatik

### Konjunktiv II

Die meisten Verben bilden den Konjunktiv II mit *würde* + Infinitiv. Für *sein*, *haben*, *können* und *müssen* gibt
es eigene Formen des Konjunktivs II.

|  | würde | haben | sein | können | müssen |
|---|---|---|---|---|---|
| **ich** | würde | hätte | wäre | könnte | müsste |
| **du** | würdest | hättest | wärst | könntest | müsstest |
| **er/es/sie/man** | würde | hätte | wäre | könnte | müsste |
| **wir** | würden | hätten | wären | könnten | müssten |
| **ihr** | würdet | hättet | wärt | könntet | müsstet |
| **sie/Sie** | würden | hätten | wären | könnten | müssten |

### Bedingungssätze mit *wenn* + Konjunktiv II

Wenn ich viel Geld hätte, würde ich ein eigenes Restaurant aufmachen.
Wenn ich eine Stelle als Bürokauffrau hätte, hätte ich regelmäßige Arbeitszeiten. Ich müsste nicht mehr am
Wochenende arbeiten und könnte zu Hause sein. Ich wäre sehr zufrieden.

### Passiv

Das Passiv bildet man mit *werden* + Partizip II.

**Präsens**
Das Brett *wird* gesägt.
Die Bretter *werden* gesägt.

**Präteritum**
Das Brett *wurde* gesägt.
Die Bretter *wurden* gesägt.

Das Passiv benutzt man bei Beschreibungen von Arbeitsabläufen und allgemeinen Regeln. Man sagt,
was mit einer Sache oder Person gemacht wird. Die handelnde Person ist meistens nicht wichtig.
Wenn im Passivsatz die handelnde Person trotzdem genannt werden soll, benutzt man *von* + Dativ.
Die Kundin bestellt einen Schrank.     Ein Schrank wird von der Kundin bestellt.

# A Was und wie wir einkaufen

**1** Was bekommt man wo? Ordnen Sie zu und schreiben Sie kurze Sätze. Es gibt mehrere Möglichkeiten.

> Baumarkt • Wochenmarkt • Fachgeschäft • Supermarkt • Flohmarkt • Kaufhaus • Internet

> Jeans kann man zum Beispiel in einem Kaufhaus kaufen, aber auch in …

**2a** Einkaufsverhalten. Was passt? Verbinden Sie.

1 Ich gehe oft ins Einkaufszentrum,
2 Meinen neuen Fernseher kaufe ich im Fachgeschäft, weil ich
3 Grundnahrungsmittel wie Nudeln kaufe ich meistens im Supermarkt,
4 Gemüse kaufe ich auf dem Markt,
5 Ich kaufe gern im Internet ein, obwohl
6 Ich achte vor allem auf Qualität,

a auch wenn sie ihren Preis hat.
b weil sie auf dem Markt oft nicht angeboten werden.
c weil dort viele Geschäfte unter einem Dach sind.
d man oft im Voraus bezahlen muss.
e obwohl es dort teurer ist als im Supermarkt.
f großen Wert auf eine gute Beratung lege.

**2b** Und Sie? Schreiben Sie einen kleinen Text über Ihr Einkaufsverhalten. Die Textbausteine helfen.

- Wo kaufen Sie am liebsten ein?
- Was kaufen Sie dort ein?
- Was ist für Sie beim Einkaufen wichtig?

> **Textbausteine**
>
> Ich kaufe am liebsten auf dem Markt / im Supermarkt …
> Brot/… kaufe ich meistens in der Bäckerei / im …
> Wenn ich … brauche, gehe ich …
> Am wichtigsten ist für mich Qualität / der Preis.
> Ich lege großen Wert auf eine gute Beratung.
> Wenn ich … kaufe, ist Qualität / der Preis / eine gute Beratung für mich besonders wichtig.

**3a** Verschiedene Meinungen zum Online-Kauf. Welche Überschrift passt zu welchem Text? Ordnen Sie zu.

**1** ☐ Online-Shoppen – zu praktisch und bequem?   **2** ☐ Sich Zeit nehmen beim Online-Shoppen

**3** ☐ An die Folgen für Gesellschaft und Natur denken   **4** ☐ Gut für den Geldbeutel

**A**
Ich glaube, im Internet kauft man viel mehr, als man wirklich braucht, einfach, weil es so bequem ist. Ich bestelle nämlich meistens nach Feierabend, also abends – oder oft auch am Sonntag, wenn alle Geschäfte geschlossen haben. Und dann wird auch noch alles nach Hause geliefert. Manchmal ist ein Artikel nicht gleich lieferbar, aber ich finde, das macht nichts.

Jasmin

**B**
Ich kaufe nur online ein, wenn ich genau weiß, was ich will, also die Produkte kenne, die ich kaufen möchte. Wenn das nicht der Fall ist, gehe ich ins Fachgeschäft, wo mich ein Verkäufer genau informiert. Ein großer Vorteil beim Online-Kauf ist, dass man nicht in zahlreiche Geschäfte gehen muss, um zu sehen, wo ein Produkt am billigsten ist. Im Internet findet man schnell die günstigsten Angebote.

Edgar

**C**
Ich finde beim Online-Kauf wichtig, nicht zu schnell auf „Kaufen" zu klicken. Vor allem, wenn die Angebote sehr günstig sind, recherchiere ich zum Beispiel vorher, ob der Anbieter seriös ist. Wie wird die Firma bewertet? Und sehr häufig soll man im Voraus bezahlen. Ich möchte aber prinzipiell erst bezahlen, wenn ich die Ware bekommen habe, bei der Lieferung. Wenn das nicht geht, denke ich genau nach, ob ich wirklich bestelle oder nicht.

Sarah

**D**
Was ich gar nicht verstehe, ist, wieso heute immer mehr Leute Lebensmittel online bestellen. Es muss ja alles geliefert werden, die LKWs stehen ja jetzt schon stundenlang im Stau, noch mehr Transporte gehen einfach nicht. Die Umwelt ist durch den Verkehr schon genug belastet. Außerdem überleben so die kleinen Lebensmittelläden „an der Ecke" gar nicht mehr. Sie haben ja schon mit den Supermärkten zu kämpfen ...

Pavel

**3b** Welches Wort passt? Lesen Sie die Meinungen in 3a noch einmal und ergänzen Sie die Sätze.

Anbieter • Beratung • Bestellung • Konkurrenz • Lieferzeiten • Öffnungszeiten • Preisvergleich

**1** Jasmin kauft gern im Internet ein, weil sie dann nicht von den .......................................... abhängig ist.

**2** Sie findet es auch nicht schlimm, dass es Probleme mit den .......................................... geben kann.

**3** Edgar kauft oft im Fachgeschäft ein, weil er Wert auf eine gute .......................................... legt.

**4** Für ihn ist es auch wichtig, dass ein .......................................... im Internet einfach ist.

**5** Sarah findet es wichtig, sich bei Online-Käufen über den .......................................... zu informieren.

**6** Sie findet es nicht gut, dass man oft schon bei der .......................................... bezahlen muss.

**7** Pavel findet es schlimm, dass viele Geschäfte die .......................................... mit Anbietern im Web nicht überleben.

**1**  Wörter rund um Produktwege. Ergänzen Sie Verben und Nomen. Manchmal gibt es mehrere Möglichkeiten.

| Nomen | Verben | Nomen | Verben |
|---|---|---|---|
| die Herstellung | | der Transport | |
| | produzieren | | forschen |
| die Bestellung | | die Entwicklung | |
| | beraten | | handeln |
| die Lieferung | | die Wartung | |
| | versenden | *das Lager, der Lagerist, ...* | lagern |
| die Beobachtung | | der Test | |

**2 a**  Was passiert wo? Ergänzen Sie.

> Transportwegen • Endkunden • Produktion/Herstellung • ~~Spedition~~ • Lager • Großhandel •
> Forschung und Entwicklung • Vertrieb • Einzelhandel • Transport

**1**  In der Abteilung ............................ werden neue Produkte getestet.

**2**  Nach erfolgreichen Tests gehen diese Produkte dann in die ............................ .

**3**  Im ............................ werden die Produkte dann aufbewahrt und für den ............................ an
die Kunden vorbereitet.

**4**  Die *Spedition* transportiert die Waren

a) an den ............................ . Dort werden sie gelagert und dann an andere Geschäfte weiterverkauft.

b) an den ............................ . Dort kann der Privatkunde die Waren kaufen.

c) oder direkt an den ............................ . Auch das ist möglich.

**5**  Den gesamten Absatzweg plant und kontrolliert der ............................ . Diese Abteilung beschäftigt

sich mit der Marktentwicklung, dem besten Preis für ein Produkt und den besten ............................ .

**2 b**  Was wird im Lager gemacht? Ordnen Sie die Sätze.

**1**  Die Waren – angenommen – und geprüft – werden

*Die Waren werden angenommen und geprüft.* ..............................

**2**  in Regale – Sie – werden – einsortiert

............................................................................................................

**3**  Die Lieferungen – zusammengestellt – werden – und verpackt

............................................................................................................

**4**  in der Versand-Abteilung – Die Lieferscheine und Versandpapiere – ausgestellt – werden

............................................................................................................

**5**  die Waren – von der Spedition - befördert – werden – zum Kunden – Danach

............................................................................................................

**3** Was geschieht hier? Schreiben Sie Sätze wie im Beispiel. Benutzen Sie das Passiv.

> *1 Das Auto wird repariert. / Das Rad wird gewechselt.*

**4** Die Zeiten ändern sich. Wie wurde es früher gemacht, wie heute? Schreiben Sie Sätze.

**1** **früher:** einkaufen - im Geschäft / **heute:** immer mehr im Internet

*Früher wurde im Geschäft eingekauft. Heute wird immer mehr im Internet eingekauft.*

**2** **früher:** Waren bestellen – am Telefon / **heute:** meistens online

..................................................................................................................................................

**3** **früher:** Rechnungen schreiben – mit der Schreibmaschine / **heute:** am Computer

..................................................................................................................................................

**4** **früher:** bezahlen – bar / **heute:** oft mit Kreditkarte

..................................................................................................................................................

**5** **früher:** rauchen – viel / **heute:** immer weniger

..................................................................................................................................................

**5** Formen Sie die Sätze ins Aktiv um.

**1** Die Waren werden vom Kunden bestellt.

*Der Kunde bestellt die Waren.*

> **Memo**
> Denken Sie an die Satzstellung.
> Das konjugierte Verb ist auf Position 2.

**2** Die Möbel werden von der Möbelfirma an die Kunden versandt.

..................................................................................................................................................

**3** Fehlerhafte Waren werden vom Anbieter zurückgenommen.

..................................................................................................................................................

**4** Jeden Morgen werden von den Mitarbeiterinnen im Versand die Lieferscheine ausgestellt.

..................................................................................................................................................

**5** Freitags werden die großen Rollregale von den Technikern gewartet.

..................................................................................................................................................

**6** Am Samstag wird die neue Möbelkollektion von der Firma vorgestellt.

..................................................................................................................................................

# C Berufe und Branchen

**1** Berufe und Branchen. Ergänzen Sie.

Dienstleistungen • Berufskraftfahrer • Transport/Logistik •
Friseur • Gesundheitswesen • Erzieherin • Rettungssanitäter • ~~Sozialwesen~~

**1**

Beruf: ...................................................

Branche: ...................................................

Tätigkeiten: Durchführung von Krankentransporten, Einsatz in Notfällen, Versorgung kranker oder verletzter Personen

**2**

Beruf: ...................................................

Branche: ...................................................

Tätigkeiten: Arbeit im Güterverkehr oder bei der Beförderung von Personen, Arbeit bei Speditionen, Bus- und Reiseverkehrsbetrieben

**3**

Beruf: ...................................................

Branche: *Sozialwesen*...................................

Tätigkeiten: Aufsicht, Erziehung, Betreuung und Pflege von Kindern und Jugendlichen, Zusammenarbeit mit Eltern und Lehrkräften

**4**

Beruf: ...................................................

Branche: ...................................................

Tätigkeiten: Waschen, Schneiden und Kämmen von Haaren, Kundenberatung bei der Haarpflege, Verkauf kosmetischer Artikel

**2a** Tätigkeiten in der Arbeitswelt. Welches Verb passt nicht? Streichen Sie es durch.

| | | |
|---|---|---|
| **1** | Waren | bestellen – zustellen – befördern – ~~aufstehen~~ |
| **2** | Werbung | arbeiten – machen – erfinden – gestalten |
| **3** | Kunden | beraten – betreuen – gewinnen – zustellen |
| **4** | Geld | ausgeben – bearbeiten – sparen – kosten |
| **5** | Holz | bearbeiten – sägen – verkaufen – planen |
| **6** | den Versand | planen – organisieren – kontrollieren – ausgeben |
| **7** | PC-Probleme | analysieren – lösen – zubereiten – vermeiden |

**2b** Ergänzen Sie den Dialog mit Verben aus 2a. Achten Sie auf die richtige Form.

● Guten Tag.

● Guten Tag. Was kann ich für Sie tun?

● Ich hatte bei Ihnen ein Sofa ..............................................,

aber es wurde mir noch immer nicht .............................................

● Einen Moment, ich ..............................................
mal den Versand am PC. ... Ah, jetzt weiß ich, wir
hatten gestern ein PC-Problem. Deshalb kam es zu
Lieferverzögerungen. Das Problem wurde inzwischen

.............................................. und alles funktioniert wieder.
Moment ..., Sie bekommen das Sofa morgen Vormittag.

● Oh danke. Ach, ich habe noch eine Frage: Wie muss ich die Ware denn pflegen? Die Sachen

.............................................. ja viel Geld und wenn ich schon so viel Geld ..............................................,
möchte ich lange etwas davon haben.

● Ja, das verstehe ich gut. Hier, nehmen Sie dieses Mittel – als kleine Entschuldigung für die
Unannehmlichkeiten.

● Vielen Dank, das ist ja nett!

● Keine Ursache. Wir legen großen Wert darauf, unsere Kunden gut zu ...............................................

so und so
so und so
so und so

③

**3**  **Wünsche Wünsche Wünsche.**
**Ergänzen Sie die Sätze.**

| hätte • wären • würde • wäre • würden • hätte |
| --- |

**1**  Lothar ........................ gern geregelte Arbeitszeiten. Er ........................ am liebsten nur tagsüber arbeiten.

**2**  Katharina und Amelie ........................ gern als Gärtnerinnen arbeiten, dann ........................ sie viel im Freien.

**3**  Camelia ........................ gern mehr Zeit für ihre Familie. Dann ........................ sie glücklich.

**4a**  **Bedingungssätze. Ordnen Sie die Sätze wie im Beispiel.**

**1**  ich – viel Geld – hätte – Wenn / ich – eine große Reise – würde – machen

*Wenn ich viel Geld hätte, würde ich eine große Reise machen.* ........................

**2**  Nadja – Wenn – hätte – ein eigenes Restaurant / arbeiten – sie – könnte – dort – als Köchin

........................

**3**  Anna – eine Arbeit – Wenn – würde – finden – als Architektin / viel Geld – sie – verdienen – würde

........................

**4**  Wenn – Paolo – hätte – einen festen Arbeitsvertrag / er – nicht mehr – arbeiten – müsste – am Wochenende

........................

🔊 **4b**  *Was wäre, wenn? Schreiben Sie Sätze wie im Beispiel und hören Sie zur Kontrolle.*
14

*zugestellt*
*April-*
*Zwiebeln*

**1**  ich bei der Stadt arbeiten – ich zufriedener sein. / dann ich geregelte Arbeitszeiten haben

*Wenn ich bei der Stadt arbeiten würde, wäre ich zufriedener. Dann hätte ich geregelte* ........................
*Arbeitszeiten.* ........................

**2**  ich als Architektin arbeiten können – ich viel besser verdienen. / dann ich kreativer sein können

Wenn ich ........................ , ........................ .

Dann könnte ich ........................ .

**3**  ich eine feste Anstellung haben – ich mir finanziell nicht mehr so viele Sorgen machen müssen / dann ich mehr Urlaub machen können

Wenn ich ........................ , ........................ .

Dann könnte ich ........................ .

**4c**  **Konjunktiv II mit Modalverben. Schreiben Sie Sätze wie im Beispiel.**

**1**  Sie mich anrufen können

*Es wäre schön, wenn Sie mich anrufen könnten.* ........................

**2**  sie weniger Überstunden machen müssen

Meine Kollegin wäre glücklich, wenn ........................

**3**  ich nicht so viel Werbung gestalten müssen

Ich wäre froh, wenn ........................

**4**  ihr uns helfen können

Wir würden uns freuen, wenn ........................

# D Lokal liefern lassen

**1 a** Innovationspreis der „Initiative Deutschland – Land der Ideen". Lesen Sie die Abschnitte und nummerieren Sie die Textteile in der richtigen Reihenfolge.

☐ Längerfristig müsste sich wahrscheinlich auch das Konsumentenverhalten ändern, hin zu einer bewussten Entscheidung für nachhaltigen, umweltfreundlichen Einkauf. Das wäre
5 auch gut für das Leben in den Stadtteilen. Dazu gehört ein großes Angebot an Geschäften und Einkaufsmöglichkeiten. Eine Berliner Initiative für ein ähnliches Projekt wie in Wiesbaden betont außerdem, dass durch einen
10 lokalen Internethandel nicht nur Stadtteilstrukturen erhalten werden können. Die Stadt wird auch höhere Steuereinnahmen haben, die wieder der lokalen Stadtteilentwicklung zugutekommen.

☐ Gelobt wurde einerseits das ökonomische
15 Konzept dieses Projekts: die Unterstützung des lokalen Einzelhandels. Denn aufgrund des zunehmenden Online-Handels haben kleinere, lokale Geschäfte immer mehr Probleme, ihr Geschäft weiter zu betreiben. Zu groß ist die
20 Konkurrenz aus dem Internet. Das Projekt Kiezkaufhaus setzt genau hier an und möchte durch seine Plattform die lokalen Geschäfte unterstützen. In seinem Sortiment werden nur Waren von Geschäften aus der Region angeboten.

25
☐1 Die Initiative „Deutschland – Land der Ideen" ist eine Initiative der Bundesregierung und der deutschen Industrie. Seit 2006 werden jährlich Innovationspreise vergeben, die Initiativen
30 prämieren sollen, die mit neuen Ideen in Erscheinung getreten sind. 2016 ging der Preis an das Projekt „Kiezkaufhaus Wiesbaden", einen lokalen Online-Marktplatz. Das Projekt

gewann einen Wettbewerb, an dem sich über 1000 Projekte beteiligten.

☐ Diese beiden Zielsetzungen haben bei
35 vielen Kunden ein Interesse an diesem Projekt geweckt. Auch in mehreren anderen Städten Deutschlands gibt es inzwischen Plattformen nach dem Modell des Wiesbadener Online-Kaufhauses. Die Zukunft wird zeigen, ob diese
40 lokalen Projekte wirklich Erfolg haben können. Werden Verbraucher dann auch die lokalen Geschäfte besuchen, weil ihr Interesse an diesen Läden durch das Online-Angebot geweckt wurde? Das lokale Angebot ist für viele
45 Verbraucher häufig zu beschränkt.

☐ Die zweite Zielsetzung ist die Nachhaltigkeit, die Waren werden umweltfreundlich zugestellt. Die Produkte werden noch am selben Tag nach Hause geliefert, sie werden
50 mit dem Fahrrad zu den Kunden befördert. Keine langen Transportwege, kein $CO_2$-Ausstoß, die Unterstützung der Einzelhändler aus der Region bei so kurzen Transportwegen wie möglich.

**1 b** Lesen Sie den Text noch einmal. Was passt zusammen? Verbinden Sie.

1 Ziel der „Initiative Deutschland – Land der Ideen" ist,
2 Inzwischen versuchen in vielen Städten lokale Plattformen,
3 Es ist noch nicht sicher,
4 Viele lokale Geschäfte können nicht überleben,
5 Auch die Finanzen der Städte können profitieren,

a wie das Kiezkaufhaus den Handel am Ort zu fördern.
b weil die Kunden so viel im Internet einkaufen.
c wenn bei örtlichen Läden eingekauft wird.
d neue Geschäftsideen zu unterstützen.
e ob örtliche Online-Kaufhäuser eine Zukunft haben.

## A Was und wie wir einkaufen

abhängig sein von
(+ Dat.)

die Beratung, -en ................................

Geld ausgeben für
(+ Akk.) ................................

die Lieferzeit, -en ................................

die Öffnungszeit, -en ................................

der Online-Einkauf, "-e ................................

die Qualität, -en ................................

vorsichtig ................................

die Ware, -n ................................

## B Vom Produkt zum Kunden

der Absatz, "-e ................................

die (technische) Anlage, -n ................................

eine Anlage warten ................................

jdn./etw. beobachten ................................

der Einzelhandel (Sg.) ................................

der Endkunde, -n ................................

die Endkundin, -nen ................................

etw. entwickeln ................................

die Forschung und
Entwicklung (Sg.) ................................

der Großhandel (Sg.) ................................

der Handel (Sg.) ................................

her⟨stellen ................................

die Herstellung (Sg.) ................................

etw. liefern ................................

der Lieferschein, -e ................................

Lieferscheine aus⟨stellen ................................

die Lieferung, -en ................................

der Markt, "-e
(im kaufmänn. Sinn) ................................

das Maß, -e ................................

die Menge, -n ................................

etw. montieren ................................

die Produktion, -en ................................

die Rechnung, -en ................................

die Spedition, -en ................................

der Transport, -e ................................

die Verpackung, -en ................................

der Versand (Sg.) ................................

der Vertrieb (Sg.) ................................

der Zwischenhändler, – ................................

## C Berufe und Branchen

etw. analysieren ................................

etw. bearbeiten ................................

jdn./etw. befördern ................................

jdn./etw. betreuen ................................

die Branche, -n ................................

etw. entwickeln ................................

die Gastronomie (Sg.) ................................

etw. gestalten ................................

das Handwerk (Sg.) ................................

die IT-Branche (Sg.) ................................

etw. konstruieren ................................

etw. kontrollieren ................................

Kunden bedienen ................................

der Kundenberater, – ................................

die Kundenberaterin, -nen ................................

das Labor, -e ................................

der Lagerist, -en ................................

die Lageristin, -nen ................................

der Tierpfleger, – ................................

die Tierpflegerin, -nen ................................

Transport und Logistik
(Sg.) ................................

der Vertriebsweg, -e ................................

Waren bestellen ................................

Wissenschaft und
Forschung (Sg.) ................................

etw. zu⟨bereiten ................................

etw. zu⟨stellen ................................

## D Lokal liefern lassen

die Bequemlichkeit, -en ................................

der $CO_2$-Ausstoß (Sg.) ................................

der Händler, – ................................

die Händlerin, -nen ................................

die Lagerhalle, -n ................................

die Online-Plattform, -en ................................

der Sonderwunsch, "-e ................................

# 4 Zukunftsperspektiven

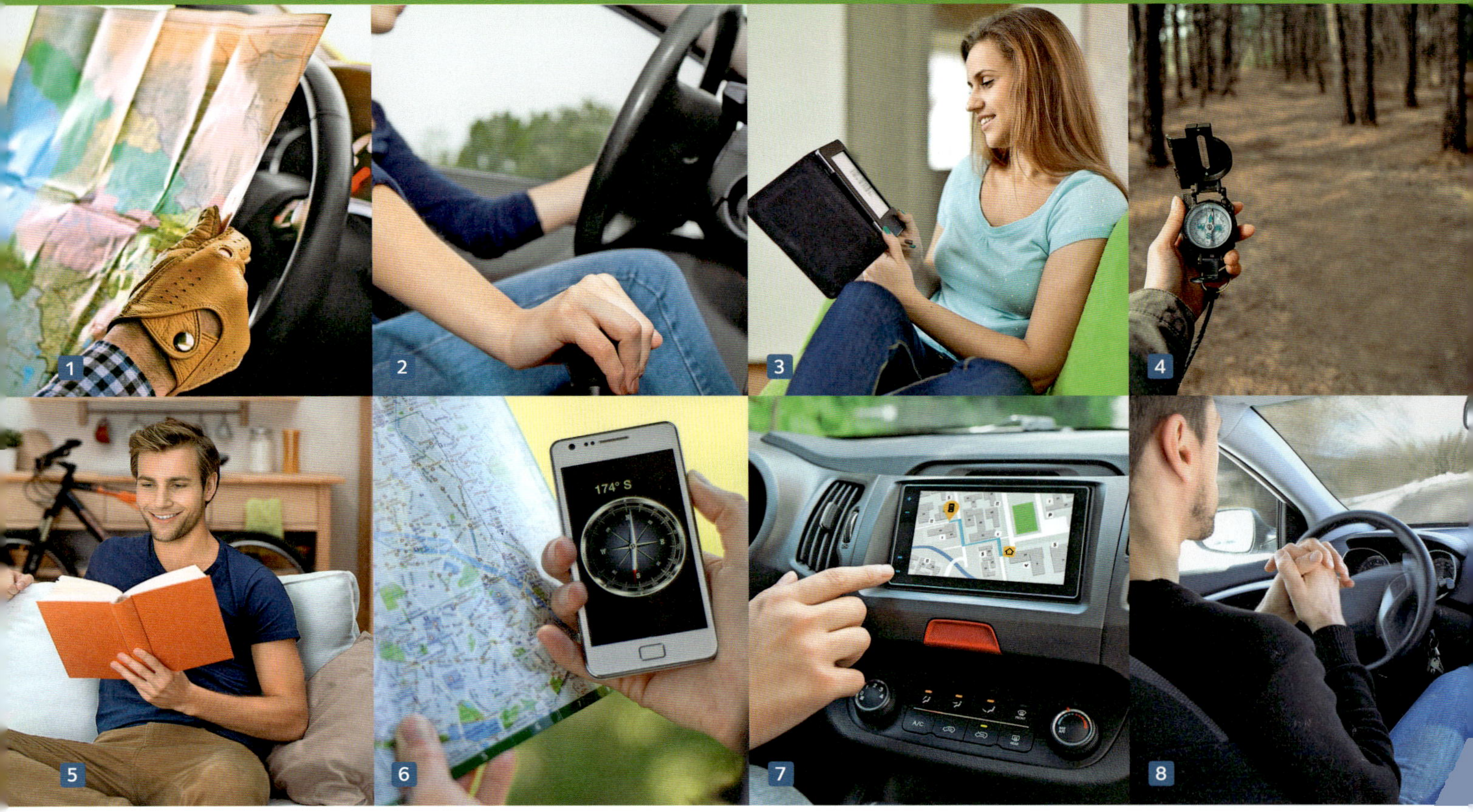


## A Der technische Wandel

**1 a** **Betrachten Sie die Fotos. Welche Fotos passen zusammen?**

**1 b** **Was machen die Personen? Was ist die Situation?**

> Auf Foto 1 sucht jemand eine Straße auf einer Landkarte.

> Und auf Foto 7 benutzt jemand ein Navi. Ich glaube, Foto 1 und Foto 7 passen zusammen.

> Auf Foto 2 sehe ich …

> Die Person auf Foto 6 …

15 **2 a** **Eine Umfrage in der Fußgängerzone. Was benutzen die Personen? Hören Sie und notieren Sie.**

Wuxi Ni: ……………………………………

Stella Adhiambo: ……………………………………

Alvaro Ango: ……………………………………

**2 b** **Hören Sie noch einmal und beantworten Sie die Fragen.**

1 Warum muss Wuxi Ni die Kunden nicht mehr anrufen, um nach dem Weg zu fragen?
2 Was ist seine Meinung zu Navis?
3 Was muss Stella Adhiambo oft am Computer machen?
4 Was denkt sie über E-Books?
5 Welche Anwendungsmöglichkeiten nennt Alvaro Ango für sein Smartphone?
6 Warum kann man mit einem Smartphone nach seiner Meinung Geld sparen?

Sie lernen

- Vor- und Nachteile benennen
- Vermutungen über künftige Entwicklungen anstellen
- künftige Anforderungen im Beruf beschreiben
- Satzverbindungen mit *weil* und *deshalb*
- Satzverbindungen mit *obwohl* und *trotzdem*
- Futur I (Zukunft, Vermutungen, Prognosen)

**3 a** Lesen Sie den Sachtext. Was ist das Thema? Tragen Sie es als Überschrift ein.

A Risiken der modernen Kommunikationsmittel seit den Fünfzigerjahren

B Veränderungen in der Kommunikation in den letzten Jahrzehnten

C Kommunikation einmal anders

.......................................................................................

Schon seit den Fünfzigerjahren des letzten Jahrhunderts gibt es in Deutschland Mobilfunk, aber erst seit Beginn der Neunzigerjahre steigt in Deutschland die Zahl der
5 Mobilfunkteilnehmer rasant und nicht wenige Menschen haben heute sogar mehr als einen Mobilfunkanschluss. 2017 gab es in Deutschland 135 Millionen Mobilfunkanschlüsse – der Mobilfunk prägt unseren Alltag.

Auf der anderen Seite ist die Zahl der Festnetzanschlüsse
10 in Deutschland in den letzten Jahren kontinuierlich gesunken. Waren es z. B. 2008 noch 38,6 Millionen Anschlüsse, so lag die Zahl 2017 nur noch bei 37,04 Millionen. Viele Leute verzichten heute auf ein Festnetztelefon, ihnen reicht ein Mobilfunkanschluss. Das
15 Festnetz bleibt aber auch in Zukunft wichtig, zum Beispiel für Behörden oder Firmen. Es wirkt zum Beispiel nicht sehr seriös, wenn ein Handwerksbetrieb nur unter einer Mobilfunknummer erreichbar ist. Allerdings gibt es auch beim herkömmlichen Festnetz bald Veränderun-
20 gen, denn die Telekom plant, ihre Festnetzanschlüsse ab 2018 auf die digitale Internet-Telefonie umzustellen.

Mit den ersten Handys konnte man noch nicht fotografieren und auch nicht im Internet surfen. Das ist mit den heutigen Smartphones mit ihren großen Displays
25 anders. Sie sind nicht nur Geräte zum Telefonieren, son-

dern auch Fernseher, Fotoapparate, Taschenrechner und vieles mehr – sie sind multifunktionale Geräte. Seit ihrer Einfüh-
30 rung 2007 wurden sie technisch immer weiterentwickelt, sodass sie heute leistungsfähiger sind als so mancher PC – und fast könnte man sagen, dass das Smartphone das Ende des traditionellen PCs bedeutet, so wie der PC in den Achtzigerjahren des letzten Jahr-
35 hunderts das Ende der Schreibmaschine bedeutet hat. So kommt heute auf fünf verkaufte Smartphones nur ein verkaufter PC.

Besonders beliebt sind die Apps für Smartphones oder Tablets. Das sind kleine Computerprogramme, die oft
40 gratis sind oder sehr wenig kosten und nach dem Herunterladen schnell und problemlos installiert werden können. Es gibt viele Anwendungsmöglichkeiten: Spiele, Apps zur Bearbeitung von Fotos oder für Informationen z. B. über Sehenswürdigkeiten und Tourismusangebote.
45 Die Liste ist unendlich lang. Vor allem sind sie stets und schnell verfügbar. Wenn man sie braucht, muss man nur das Smartphone aus der Tasche holen – und schon sind sie innerhalb weniger Sekunden einsatzbereit.

**3 b** Lesen Sie noch einmal. Wo steht was im Text? Notieren Sie die Zeilen.

1 Festnetznummern wirken manchmal seriöser. Zeile(n): ...........................

2 Seit den Neunzigerjahren spielt der Mobilfunk eine wichtige Rolle. Zeile(n): ...........................

3 Smartphones bieten heute mehr als viele PCs. Zeile(n): ...........................

4 Apps sind nicht teuer. Zeile(n): ...........................

5 Viele Menschen brauchen keinen Festnetzanschluss mehr. Zeile(n): ...........................

**4** Vergleichen Sie: Wie war es früher? Wie ist es heute? Wie ist es (vielleicht) in der Zukunft? Sprechen Sie in Gruppen.

Ich könnte mir vorstellen, dass in Zukunft auch Waschmaschinen mit dem Internet verbunden sind.

Mein erstes Handy hatte noch eine Tastatur und ein winziges Display. Heute …

Vielleicht gibt es bald auch…

Ich bin sicher, dass … .

**1 a** Meinungsäußerungen. Lesen Sie die Forumsbeiträge. Über welche Themen sprechen die
Personen? Tragen Sie die Textnummern ein.

☐ Arbeit ☐ Verkehr ☐ St
☐ Einkauf ☐ Freizeit ☐ Be

---

www.vernetzung-und-risiken.de/forum

**1**

### Marianne Würth

Die technische Entwicklung war in den letzten Jahrzehnten rasant und hat
unser ganzes Leben verändert – privat und beruflich. Während meines Studiums
zum Beispiel gab es noch kein Internet und auch noch keine Computer. Ich war
oft in der Bibliothek, weil ich Informationen für Hausarbeiten oder meine
Examensarbeit brauchte. Heute genügt oft ein Klick auf einen Link, und schon
haben die Studenten ein großes Informationsangebot. Dabei muss man auch
aufpassen, denn oft gibt es zu viele Informationen und es wird z. B. schwer,
wichtige Informationen von Unwichtigem zu unterscheiden. Obwohl man im
Internet so schnell an Informationen kommt, dauert die Recherche nicht
automatisch kürzer als in der Bibliothek.

---

**2**

### Sandra di Lorenzo

Ich bin Sachbearbeiterin in einer Versicherung und bei uns gibt es einen
klaren Trend zum papierlosen Büro. Terminkalender sind bei uns schon seit
längerer Zeit digital und wir verzichten zunehmend auf Aktenordner, was Platz
spart. PDF-Dokumente werden oft gar nicht mehr ausgedruckt, sie sind nun in
einem Cloud-System gespeichert. Durch den E-Mail-Verkehr muss die Firma
nicht so viel Porto für Briefpost ausgeben. Das papierlose Büro kann also
unseren Arbeitsalltag erleichtern. Trotzdem führt die Firma es nur langsam ein.
Dafür gibt es mehrere Gründe, zum Beispiel müssen sich Mitarbeiter, die oft
sehr lange mit Papierdokumenten gearbeitet haben, an die neue Arbeitsweise
mit Online-Dokumenten gewöhnen. Die digitalen Systeme sind halt oft sehr
komplex. Deshalb müssen sie getestet werden, bevor wir sie einsetzen können.

---

**3**

### Rezan Barzani

Das Internet macht das Leben wirklich leichter. Ich spare viele Wege. Zum
Beispiel kaufe ich online ein, und es ist auch praktisch, dass man mit einer App
auch per Handy bezahlen kann. Trotzdem denke ich, dass diese digitale Welt
auch Probleme schafft, weil die Menschen oft zu viele persönliche
Informationen preisgeben und man elektronische Spuren hinterlässt. Es ist
nicht schwer, Leute, die immer online sind, in den sozialen Netzwerken über
sehr persönliche Dinge berichten und das Handy ständig eingeschaltet haben,
zu kontrollieren und zu überwachen. Außerdem können die Daten missbraucht
werden. Deshalb sollte man genau überlegen, welche Möglichkeiten man im
Internet nutzen möchte und welche nicht.

**1 b** Lesen Sie den Text noch einmal. Welche Aussagen stimmen? Kreuzen Sie an.

|  |  | richtig | falsch |
|---|---|---|---|
| **1** | Marianne Würth musste während ihres Studiums oft in die Bibliothek gehen. | ☐ | ☐ |
| **2** | Sie findet, dass man bei der Informationssuche per Internet viel Zeit sparen kann. | ☐ | ☐ |
| **3** | Durch das papierlose Büro kann die Versicherungsfirma Kosten sparen. | ☐ | ☐ |
| **4** | Die Mitarbeiter haben kein Problem, mit dem papierlosen Büro zu arbeiten. | ☐ | ☐ |
| **5** | Es ist leicht, in sozialen Netzwerken über sich selbst zu berichten. | ☐ | ☐ |
| **6** | Rezan denkt, dass die Digitalisierung auch Risiken mit sich bringt. | ☐ | ☐ |

**2a** Satzverbindungen mit *weil, deshalb, obwohl* und *trotzdem*. Suchen Sie im Text in 1a Sätze mit diesen Konnektoren und notieren Sie sie.

*Nebensatz.*

1 Ich war oft in der Bibliothek, weil ich Informationen für Hausarbeiten oder meine Examensarbeit brauchte.

2 Obwohl man im Internet schnell an Informationen kommt, dauert ...

**2b** Lesen Sie die Regel und formulieren Sie die Sätze in 2a um wie im Beispiel.

*Haupts.*

1 Ich brauchte Informationen für Hausarbeiten oder meine Examensarbeit. Deshalb war ich oft in der Bibliothek.

2 Man kommt im Internet schnell an Informationen. Trotzdem dauert ...

> **Regel**
>
> Sätze mit *weil* und *obwohl* sind Nebensätze. Das Verb steht am Satzende.
>
> Sätze mit *deshalb* und *trotzdem* sind Hauptsätze. Das Verb steht in Position 2.

**3** Schreiben Sie die Sätze mit *obwohl* und *trotzdem* oder mit *weil* und *deshalb*.

1 Sie arbeitet beruflich viel am Computer. In ihrer Freizeit macht sie viel Sport. (weil – deshalb)
2 Ich habe ein Smartphone. Ich benutze es nur für Telefongespräche. (obwohl – trotzdem)
3 Heute kann man Filme aus dem Internet herunterladen. Die Videotheken sind verschwunden. (weil – deshalb)
4 Man kann im Internet Zeitung lesen. Zeitungen aus Papier bleiben wichtig. (obwohl – trotzdem)
5 Im Internet gibt es kostenlose Online-Wörterbücher. Viele Leute kaufen keine Wörterbücher mehr. (weil – deshalb)
6 Man kann Bankgeschäfte online erledigen. Für viele Leute bleibt die persönliche Beratung wichtig. (obwohl – trotzdem)

1 Weil sie beruflich viel am Computer arbeitet, macht sie... / Sie arbeitet beruflich viel am Computer. Deshalb macht sie ...

2 Obwohl ich ...

**4** Welche Vorteile hat das Internet? Welche Nachteile gibt es? Denken Sie auch an Online-Banking, soziale Netzwerke und andere Anwendungen. Diskutieren Sie im Kurs.

> **Redemittel**
>
> Ein Vorteil/Nachteil ist, dass ... / ... hat den Vorteil, dass ...
> Für/Gegen ... spricht, dass ... / Gut/Schlecht am ... ist, dass ...
> Besonders positiv/negativ ist ... / Nachteilig scheint mir auch ...

Gut am Online-Banking ist, dass man jederzeit Überweisungen machen kann.

Für soziale Netzwerke spricht, dass man so Freunde finden kann.

Aber durch Online-Banking gehen in Banken auch Arbeitsplätze verloren. Das finde ich nicht so gut.

Aber man muss auch aufpassen, was man über sich selbst erzählen will.

# C Veränderungen im Berufsleben

**1a** Hören Sie die Radiosendung zum Thema „Arbeitswelt von morgen". In welcher Reihenfolge kommen diese Themen vor?

☐ neue Berufe   ☐ E-Learning   ☐ traditionelle Berufe

**1b** Hören Sie das Interview noch einmal. Welche Aussagen sind richtig? Kreuzen Sie an. Korrigieren Sie anschließend die falschen Aussagen.

1 Der Beruf des Webdesigners wird sich noch weiter verändern. ☐
2 Die Ausbildung zum IT-Systemelektroniker dauert zwei Jahre. ☐
3 In Banken werden weniger Menschen arbeiten. ☐
4 In traditionellen Berufen werden sich fast alle weiterbilden müssen. ☐
5 Die Konkurrenz wird ihre Probleme mithilfe von E-Learning lösen. ☐

**1c** Lesen Sie die Regel und schreiben Sie die folgenden Sätze mit Futur I.

> **Regel**
>
> Das Futur I bildet man mit *werden* + Infinitiv. Man verwendet es für Pläne in der Zukunft, aber auch für Prognosen und Vermutungen. Vermutungen lassen sich durch Wörter wie *vielleicht, wahrscheinlich, bestimmt* betonen.
> Online-Banking wird in den nächsten Jahren noch zunehmen. Arbeitnehmer werden sich *vermutlich* öfter weiterbilden. Immer mehr Menschen werden mobil sein müssen.
> Wenn man über die Zukunft spricht, kann man auch das Präsens verwenden (Präsensfutur). Dann muss der Satz eine Zeitangabe enthalten: Die Bedeutung von E-Learning nimmt in den nächsten Jahren ab.

1 Morgen bewerbe ich mich auf eine Stelle bei einer Möbelfirma.
2 Nächstes Jahr fliegen wir zu einem Kongress nach Kanada.
3 Wahrscheinlich bekomme ich bald mehr Urlaubstage.
4 Bald mache ich eine Ausbildung zur Systemkauffrau.
5 Vielleicht regnet es am nächsten Wochenende.

• *1 Morgen werde ich ...*

**2a** Noch mehr Sätze mit Futur I. Ergänzen Sie die folgenden Sätze.

> arbeiten • bleiben • müssen • beeinflussen

1 Auch traditionelle Berufe ............................ wichtig ............................ .
2 In der Landwirtschaft ............................ bald noch weniger Menschen ............................ als heute.
3 Die Digitalisierung ............................ das Berufsleben wahrscheinlich immer stärker ............................ ,
4 Vielleicht ............................ wir alle weniger Stunden pro Tag arbeiten ............................ .

**2b** Arbeiten Sie zu zweit und bilden Sie Sätze im Futur.

| Bald | | ich | viele neue Berufe geben. |
| In zehn Jahren | | es | eine Bewerbung schreiben. |
| In der Zukunft | werde | meine Kinder | gute Berufsaussichten haben. |
| Nach dem Deutschkurs | wird | viele Unternehmen | viel/mehr Mitarbeiter haben. |
| Morgen | werden | die Arbeitnehmer | besser als heute qualifiziert sein. |
| Nach der Ausbildung | | mein Sohn | besser arbeiten können. |
| … | | | für den Beruf noch viel lernen müssen. |

## 3a Lesen Sie den Text und beantworten Sie die Fragen.

### Neue Anforderungen im Beruf

Das Institut Demar hat unter Führungskräften von 300 Unternehmen mit mehr als 100 Mitarbeitern eine Umfrage gemacht, wie sich die beruflichen Anforderungen in den nächsten Jahren verändern werden. Bei den so-
5 genannten Hard Skills, also den fachlichen Kompetenzen und Qualifikationen, die man durch eine Ausbildung oder ein Studium lernt, wird es immer wichtiger sein, dass Arbeitskräfte Daten analysieren und interpretieren können. Außerdem wird das Thema Wissens-
10 management vermutlich eine zunehmend wichtige Rolle spielen. Das ist die Fähigkeit, mit Wissen richtig umzugehen und es richtig zu nutzen.

Auch bei den Soft Skills wird es Veränderungen geben.
15 Soft Skills lernt man nicht durch eine Ausbildung oder einen Beruf. Sie haben eher etwas mit den persönlichen Eigenschaften der Mitarbeiter zu tun.

Experten gehen davon aus, dass Unternehmen in Zukunft immer mehr Wert auf fächerübergreifende Kom-
20 petenzen legen werden. Unter fächerübergreifenden Kompetenzen versteht man zum Beispiel, dass ein Ingenieur bei einer Neuentwicklung nicht nur an die technischen Möglichkeiten denken sollte. Er sollte auch überlegen, wie man technische Neuerungen ein-

25 setzen kann und ob die Kunden sie wirklich brauchen. An zweiter Stelle der Soft Skills liegen Gesprächs- und Verhandlungsführung, das heißt die Fähigkeit der Mitarbeiter, zum Beispiel so zu kommunizieren, dass sie andere überzeugen oder bei Konflikten nach Lösungen
30 suchen können.

Die Arbeitswelt wird immer internationaler werden. In fast allen Unternehmen arbeiten heute Menschen aus vielen verschiedenen Ländern. Deshalb werden internationale Kontakte für den Erfolg von Unternehmen
35 eine immer größere Bedeutung bekommen. Daher ist auch interkulturelle Kompetenz eine wichtige Eigenschaft. Damit ist die Fähigkeit gemeint, unterschiedliche Kulturen zu verstehen und in einer fremden Kultur so zu handeln, dass man Erfolg hat.

1 Wie war die Fragestellung bei der Umfrage des Instituts Demar?
2 Welche fachlichen Kompetenzen werden an Bedeutung gewinnen?
3 Was sind Soft Skills?
4 Warum wird interkulturelle Kompetenz immer wichtiger werden?

## 3b Welche weiteren Soft Skills kennen Sie? Sammeln Sie im Kurs.

> In vielen Berufen ist Teamfähigkeit eine wichtige Eigenschaft.

> Man sollte bei der Arbeit auch zuverlässig sein.

## 4 Wie haben sich die Anforderungen in Ihrem Beruf oder in dem Beruf, den Sie lernen möchten, verändert? Wie wird Ihr Beruf in Zukunft aussehen? Was meinen Sie? Schreiben Sie drei bis vier Sätze. Die Textbausteine helfen.

> **Textbausteine**
>
> In meinem Beruf war/ist Teamfähigkeit/Zuverlässigkeit … wichtig.
> Ich denke/meine, das wird auch so bleiben. / Ich denke, dass es viele Änderungen geben wird.
> Ich glaube (nicht), dass sich viel/etwas verändern wird.
> Vielleicht werden Computerkenntnisse/… immer wichtiger werden.
> Ich werde sicher mehr/weniger mit … arbeiten.

# D Industrielle Revolutionen

## 1a Lesen Sie den Text und ordnen Sie die Überschriften zu.

 **1** Ein neues Schlüsselwort

 **2** Digitalisierung in der Industrie

**3** Intelligente Geräte im Haushalt

**4** Industrie 1.0 bis Industrie 3.0

☐ ...............................................................

**A** Eines der wichtigsten Wörter der Gegenwart ist das Wort *smart*. Man spricht vom Smartphone, der *smart factory* und vom *smart home*. Das Wort *smart* kommt aus dem Englischen und bedeutet intelligent, klug oder clever. Damit werden heute elektronische Geräte beschrieben, die selbst lernen können, vielfältige und sehr unterschiedliche Aufgaben ausführen können und so miteinander verbunden werden können, dass sie auch komplexe Prozessabläufe steuern.

☐ ...............................................................

**B** Für die Industrie war die zunehmende Automatisierung schon immer ein Kennzeichen. Die industrielle Revolution begann mit der Erfindung der Dampfmaschine und der Einführung der Eisenbahn. Ab der zweiten Phase Ende des 19. Jahrhunderts wurden Elektrizität genutzt und das Fließband eingeführt, ab den Siebzigerjahren des 20. Jahrhunderts wurden die Industrieproduktion, aber auch die Arbeitsabläufe in den Büros durch Computer und Informationstechnologie weiter automatisiert. Dies waren die sogenannten drei ersten industriellen Revolutionen.

☐ ...............................................................

**C** Der nächste Schritt war die Einführung des Internets und die Digitalisierung, was auch vierte industrielle Revolution genannt wird. Diese Revolution ist bis heute nicht abgeschlossen. Durch die digitale Vernetzung von Maschinen in den Fabriken wird die Produktion von Waren zeitlich optimiert, die Ressourcen werden optimal genutzt und individuelle Kundenwünsche können besser berücksichtigt werden. Durch diese Vernetzung entstehen intelligente Fabriken, die *smart factories*, in denen Waren und Maschinen miteinander kommunizieren. Dies wird auch „Internet der Dinge" genannt.

☐ ...............................................................

**D** Auch im privaten Raum wirkt sich diese digitale Revolution aus, wofür *smart home* das Stichwort ist. Der Staubsaugerroboter ist nur ein Beispiel für ein intelligentes Haushaltsgerät, das nicht nur automatisch saugt, sondern auch lernt, sich in der Wohnung zu orientieren. Zudem können Haushaltsgeräte auch selbstständig agieren. So kann etwa der Kühlschrank melden, wenn Milch fehlt, und diese eventuell sogar im Supermarkt bestellen. Eine interessante Neuerung sind Sprachassistenten, also Geräte, die mit den Menschen kommunizieren. Sie können vielfältige Aufgaben übernehmen. Auf Zuruf spielen sie z. B. die gewünschte Musik ab, lösen Rechenaufgaben, sagen, wie das Wetter wird, oder bestellen Pizza beim Pizzaservice.

## 1b Lesen Sie noch einmal und beantworten Sie die Fragen.

1 Warum ist das Wort *smart* heute ein Schlüsselwort?
2 Was ist typisch für die Entwicklung der Industrie?
3 Was wird durch die Einführung des Internets und die Digitalisierung in der Industrie möglich?
4 Was bedeutet „Internet der Dinge"?
5 Was bedeutet die Digitalisierung in Privathaushalten?
6 Welche Möglichkeiten bieten Sprachassistenten?

## 1c Wie hat sich Ihr privates Leben durch intelligente Geräte verändert?

> Ich habe jetzt ein Smart-TV. Damit kann ich nicht nur fernsehen, sondern auch im Internet surfen.

## Kommunikation

### Vor- und Nachteile benennen

Ein Vorteil/Nachteil ist, dass … / … hat den Vorteil, dass …
Für/Gegen … spricht, dass …  / Gut/Schlecht am … ist, dass …
Besonders positiv/negativ ist … / Nachteilig scheint mir auch …

### Vermutungen über künftige Entwicklungen anstellen

Ich könnte mir vorstellen, dass in Zukunft …
Vielleicht gibt es bald auch … / Ich bin sicher, dass …

### über künftige Anforderungen im Beruf sprechen

In meinem Beruf war/ist Teamfähigkeit/Zuverlässigkeit … wichtig. / Ich denke/meine, das wird auch so bleiben.
Ich denke, dass es viele Änderungen geben wird.
Ich glaube (nicht), dass sich viel/etwas verändern wird.
Vielleicht werden Computerkenntnisse/… immer wichtiger werden.
Ich werde sicher mehr/weniger mit … arbeiten.

## Grammatik

### Satzverbindungen *weil* und *deshalb* sowie mit *obwohl* und *trotzdem*

Ich war oft in der Bibliothek. Ich brauchte Informationen für Hausarbeiten.
> Ich war oft in der Bibliothek, weil ich Informationen für Hausarbeiten *brauchte*.
> Ich brauchte Informationen. Deshalb *war* ich oft in der Bibliothek.

Das papierlose Büro kann unsere Arbeit erleichtern. Die Firma führt es nur langsam ein.
> Das papierlose Büro kann die Arbeit erleichtern. Trotzdem *führt* die Firma es nur langsam ein.
> Obwohl das papierlose Büro die Arbeit erleichtern *kann*, führt die Firma es nur langsam ein.

Sätze mit *weil* und *obwohl* sind Nebensätze. Das Verb steht am Satzende.
Sätze mit *deshalb* und *trotzdem* sind Hauptsätze. Das Verb steht in Position 2.

### Futur I

Das Futur I bildet man mit *werden* + Infinitiv. Man verwendet es für Pläne in der Zukunft, aber auch für Prognosen und Vermutungen.
Online-Banking wird noch zunehmen. / Arbeitnehmer werden sich öfter weiterbilden. / Immer mehr Menschen werden mobil sein müssen.

Vermutungen lassen sich durch Wörter wie *vielleicht*, *wahrscheinlich*, *bestimmt* betonen. Wahrscheinlich wird das Online-Banking noch zunehmen. Bestimmt werden immer mehr Menschen mobil sein müssen.

Wenn man über die Zukunft spricht, kann man auch das Präsens verwenden (Präsensfutur). Dann muss der Satz eine Zeitangabe enthalten: Die Bedeutung von E-Learning nimmt in den nächsten Jahren ab.

## A Der technische Wandel

**1a** Computerwortschatz. Ordnen Sie die Nomen den Fotos zu. Ergänzen Sie jeweils Artikel und Pluralform.

> Tablet • Drucker • Rechner • Display • Tastatur • Ladekabel • Maus • Scanner • Bildschirm

das Tablet, –s

**1b** Wozu brauchen Sie das? Schreiben Sie drei Sätze mit den Wörtern aus 1a.

Mein Tablet brauche ich, um Filme zu sehen. Mit der Tastatur tippe ich ...

**2** Komposita. Ergänzen Sie die Wörter.

> möglichkeiten • apparat • rechner • betrieb • anschluss

1 Ein Smartphone kann man auch als Taschen................................. benutzen.

2 Ich habe einen Handwerks........................... und für mich bleibt ein Festnetz........................... wichtig

3 Für moderne digitale Geräte gib es viele Anwendungs...........................

4 Ich habe einen Foto..........................., den ich mit dem Internet verbinden kann.

**3** Verbinden Sie die Sätze mit *denn* und *aber*.

1 Er benutzt oft Schreibprogramme am Computer, aber ...........................................................................
   (arbeiten – er – mit der Schreibmaschine – manchmal)

2 Ich habe eine App für die Suche nach Restaurants, denn ...........................................................................
   (ich – oft – unterwegs – in anderen Städten – sein)

# B Möglichkeiten des Internets (1)

**1 a** Nomen und Verben. Welches Verb passt nicht?

**1** Informationen ~~sparen~~ – suchen – brauchen – bekommen
**2** eine Examensarbeit lesen – schreiben – arbeiten – korrigieren
**3** Dokumente brauchen – speichern – ausdrucken – einschalten
**4** Daten speichern – kontrollieren – ausschalten – verändern
**5** Bankgeschäfte schreiben – machen – erledigen – kontrollieren
**6** Kosten sparen – erledigen – kontrollieren – haben
**7** Filme erledigen – herunterladen – sehen – machen

**1 b** Wählen Sie vier Nomen und Verben aus und schreiben Sie Sätze.

> *1 Im Internet kann man gut*
> *Informationen suchen.*

**2 a** Lesen Sie noch einmal die Forumsbeiträge auf Seite 56 und ergänzen Sie die Sätze wie im Beispiel.

**1** Marianne Würth findet, dass die technische Entwicklung in den letzten Jahren *rasant war* .

**2** Sie sagt, dass sie während ihres Studiums zum Beispiel oft .

**3** Sandra di Lorenzo findet, dass die digitalen Systeme .

**4** Rezan Barin denkt, dass das Internet .

**5** Er ist der Meinung, dass man , was man im Internet nutzen möchte und was nicht.

**2 b** Was denken Sie über die Möglichkeiten des Internets? Schreiben Sie drei Sätze und benutzen Sie dabei die folgenden Satzanfänge.

> Ich finde, dass … Ich meine, dass …
> Ich denke, dass … Ich finde es gut/schlecht, dass …

> *Ich finde es gut, dass man im*
> *Internet mit vielen Leuten in*
> *Kontakt kommen kann.*

**3 a** Ergänzen Sie die Nebensätze mit *weil*.

**1** Frau Mali schreibt mit der Schreibmaschine, weil *ihr Computer nicht funktioniert.*
(Ihr Computer funktioniert nicht.)

**2** Viele Leute nutzen das Internet, .
(Dort kann man gut Preise vergleichen.)

**3** Herr Jonas sieht mit seinem Tablet Filme, .
(Er findet das bequem.)

**4** Man sollte in der digitalen Welt aufpassen, .
(Es gibt viele Risiken.)

**3 b** Schreiben Sie die Sätze aus 3a mit *deshalb*.

> *1 Der Computer von Frau Mali funktioniert nicht.*
> *Deshalb schreibt sie mit der Schreibmaschine.*

**4 a** Nebensätze mit *obwohl*. Schreiben Sie Sätze wie im Beispiel. Beachten Sie die Verbposition.

**1** Herr Mbebe benutzt nur selten den Computer. Er arbeitet schnell.

*Obwohl Herr Mbebe nur selten den Computer benutzt, arbeitet er schnell.*

**2** Wir haben ein Navi. Wir finden den Weg oft nicht.

**3** Der Zug hat keinen Fahrer. Die Passagiere fühlen sich sicher.

**4** Ich arbeite oft nachts. Ich bin am Tag nie müde.

**5** Frau da Silva reist gerne. Sie möchte nicht beruflich unterwegs sein.

**6** Pia Pilaski hat nur drei Jahre Berufserfahrung. Sie ist Direktorin geworden.

**4 b** Formulieren Sie die Sätze aus 4a mit *trotzdem* um.

> *Herr Mbebe benutzt nur selten den Computer. Trotzdem arbeitet er schnell.*

**5 a** *Obwohl* oder *weil*? Ergänzen Sie.

**1** Eva besucht das Gymnasium, ........................... sie das Abitur machen will.

........................... ihre Noten in der Grundschule nicht so gut waren.

**2** Die Firma hat viel Erfolg, ........................... am Anfang nur wenig Kunden kamen.

........................... sie den Markt gut analysiert hat.

**3** Ali Issa hat sich über Berufsmöglichkeiten informiert, ........................... er eine feste Arbeit hat.

........................... mit seiner Ausbildung fertig ist.

**4** Rahel Sto arbeitet nicht in ihrem gelernten Beruf, ........................... die Bezahlung zu schlecht ist.

........................... er viele Möglichkeiten bietet.

**5** Udo Späth kann zu Hause arbeiten, ........................... er in der Firma ein eigenes Büro hat.

........................... sein Arbeitgeber das erlaubt.

**5 b** Schreiben Sie die Sätze zu Ende.

**1** Die Suche nach einer Arbeit ist schwierig. Trotzdem ...........................

**2** Ich gehe oft in ein Internetcafé, obwohl ...........................

**3** Obwohl sie ihr Hobby zum Beruf gemacht hat, ...........................

**4** Er verdient jetzt mehr als früher. Trotzdem ...........................

**5** ..........................., obwohl sie beruflich viel unterwegs ist.

**6 a**  Lesen Sie die Texte. Was machen die Personen jetzt, was möchten sie in Zukunft machen?

Ilja Kasan

In meiner Heimat war ich Elektroingenieur von Beruf und ich habe viele Jahre Berufserfahrung. Seit zwei Jahren lebe ich in Deutschland. Hier ist es sehr schwer für mich, eine Arbeit zu finden, die meiner Ausbildung entspricht. Deshalb arbeite ich im Moment als Helfer bei einer Elektrofirma. Seit einiger Zeit besuche ich aber Abendkurse und habe mich für eine Fortbildung angemeldet, denn es ist mein Ziel, dass mein russischer Studienabschluss hier in Deutschland anerkannt wird.

Melania Park

Ich besuche die zehnte Klasse der Realschule und möchte später einen IT-Beruf lernen, also eine Arbeit im Bereich Informationstechnik ergreifen. Aber ich bin nicht ganz sicher, ob ich in der Schule wirklich genug für den Beruf lerne. Deshalb mache ich am Abend einen Englischkurs und beschäftige mich nachmittags viel mit digitaler Technik, Computern und so weiter. Dann kann ich bei einem Vorstellungsgespräch zeigen, dass ich viel über das Thema weiß, und habe hoffentlich gute Chancen, eine Stelle zu bekommen.

Henk Kroos

Ich bin zurzeit angestellter Architekt, aber im Herbst mache ich mich selbstständig. Ich habe schon bei der Stadtverwaltung das Gewerbe angemeldet, obwohl das für Architekten, die freiberuflich arbeiten, nicht unbedingt notwendig ist. Ich freue mich schon auf die Selbstständigkeit. Das Klima in dem Architekturbüro, in dem ich jetzt arbeite, ist nicht schlecht, aber ich denke, dass ich als selbstständiger Architekt freier arbeiten kann und unabhängiger bin.

**6 b**  Lesen Sie die Texte noch einmal. Was passt zusammen? Ordnen Sie zu.

1  Architekten müssen kein Gewerbe anmelden,
2  Herr Kasan besucht Abendkurse,
3  Melania Park hat gute Chancen auf eine Stelle,
4  Herr Kasan kann in seinem Beruf keine Arbeit finden,
5  Melania ist nicht ganz sicher,
6  Herr Kroos will ein eigenes Architekturbüro eröffnen

a  damit er eine Anerkennung für seinen Studienabschluss bekommt.
b  obwohl er viel Berufserfahrung hat.
c  ob der Unterricht in der Schule für ihren Berufswunsch ausreicht.
d  wenn sie sich gut auf den Beruf vorbereitet.
e  weil sie Freiberufler sind.
f  weil er meint, dann bei der Arbeit mehr Freiheiten zu haben.

**7**  Satzverbindungen. Ergänzen Sie den passenden Konnektor.

> obwohl • trotzdem • deshalb • aber • weil • wenn • damit • ob

1  Sie macht einen Englischkurs, ............................................... diese Sprache für ihren Beruf wichtig ist.

2  Sie würde ihr Hobby gern zum Beruf machen, ............................... dann verdient sie weniger als jetzt.

3  Man sollte ein Vorstellungsgespräch mit einer anderen Person üben, ............................ man sicherer wirkt.

4  ............................ U-Bahnen ohne Fahrer fahren, können die öffentlichen Verkehrsbetriebe Kosten sparen.

5  In sozialen Netzwerken kann man nette Leute kennenlernen. ............................ sollte man nicht zu viele persönliche Informationen posten.

6  Viele Berufstätige wissen heute nicht, ............................ ihre Kenntnisse auch in Zukunft ausreichen.

7  ............................ sein Berufsabschluss hier nicht anerkannt ist, hat Herr Al-Harithi schnell eine gute Arbeit gefunden.

8  Ich will immer erreichbar sein. ............................ schalte ich mein Smartphone auch am Wochenende nicht aus.

# C Veränderungen im Berufsleben

🔊 **1** **Wie die Digitalisierung die Arbeitswelt veränderte. Ergänzen Sie den Text. Hören Sie das Interview mit**
17 **Frau Müntefering noch einmal zur Kontrolle.**

> Bedürfnissen • E-Learning • Webdesigner • Arbeitsalltag • Arbeitswelt •
> Informationstechnologie • Weiterbildung • Digitalisierung • Kundenservice • Online-Banking

Die ............................ verändert die ............................ stark. Es sind viele neue

Berufe entstanden, wie zum Beispiel der Beruf ............................ Allgemein kann man sagen,

dass es in der digitalen ............................ wahrscheinlich immer neue Berufe gibt. Andere Berufe,

zum Beispiel im ............................ der Banken, werden verschwinden, weil die Kunden immer

mehr ............................ machen werden. Für den Beruf wird ............................

immer wichtiger und besonders das ............................, das man gut in den

............................ integrieren kann. Damit können die Mitarbeiter so lernen, wie es zu ihren

individuellen ............................ passt.

**2a** **Prognosen. Was wird sich in Zukunft ändern? Schreiben Sie Sätze mit Futur I.**

1 Immer weniger Menschen *werden in der Landwirtschaft arbeiten.*
   (arbeiten – in der Landwirtschaft)

2 Es ............................
   (in 30 Jahren – viele – geben – papierlose Büros)

3 Frauen und Männer ............................
   (verdienen – gleich viel)

4 In 20 Jahren ............................
   (sein – weniger wichtig – PCs – als heute)

5 Bald ............................
   (lernen – wir – mehr zu Hause – mit dem Internet)

6 Wir ............................
   (mehr frei – haben – in der Zukunft)

7 Man ............................
   (noch – Bücher und Zeitungen auf Papier – lesen - auch in zehn Jahren)

8 Auch traditionelle Berufe ............................
   (bleiben – wichtig)

**2b** **Was denken Sie? Wählen Sie sechs Sätze aus 2a und ergänzen Sie damit die Satzanfänge 1–6.**

1 Ich denke, dass ............................

2 Ich bin sicher, dass ............................

3 Ich hoffe, dass ............................

4 Ich glaube nicht, dass ............................

5 Es kann sein, dass ............................

6 Vielleicht ............................

**3** Schreiben Sie Vermutungen mit Futur I. Benutzen Sie die folgenden Signalwörter.

> bestimmt • sicher • wahrscheinlich • vielleicht • vermutlich • möglicherweise

**1** Morgen regnet es. *Morgen wird es vermutlich regnen.*

**2** Die Kollegen sprechen über den Urlaubsplan. ...........................

**3** Meine Chefin machen heute Überstunden. ...........................

**4** Dimitri kann die Aufgabe nicht lösen. ...........................

**5** Morgen gibt es mehr Verkehr auf den Straßen. ...........................

**6** Der Betriebsrat kann dem Mitarbeiter nicht helfen. ...........................

**4** Dreimal *werden*. Lesen Sie die Sätze und ordnen Sie sie A, B oder C zu.

**1** [A] Durch die digitalen Medien wird das Leben interessanter.

**2** ☐ Schon seit vielen Jahren wird das Internet für Bankgeschäfte genutzt.

**3** ☐ Mein Deutsch wird immer besser.

**4** ☐ Meine berufliche Situation wird sich nicht mehr verändern.

**5** ☐ Er wird bald in Rente gehen.

**6** ☐ In dieser Fabrik werden Möbel hergestellt.

> **A** *werden* + Adjektiv (Veränderung)
> **B** *werden* + Partizip (Passiv)
> **C** *werden* + Infinitiv (Futur I)

**5** Lesen Sie noch einmal den Text auf Seite 59. Wo finden Sie diese Informationen? Notieren Sie die Zeile(n).

**1** Soft Skills gehören nicht direkt zur Berufsausbildung.     Zeile(n) ...........

**2** Wissensmanagement wird in der Zukunft wichtiger werden.     Zeile(n) ...........

**3** Die Unternehmen haben immer mehr Mitarbeiter aus unterschiedlichen Kulturen.     Zeile(n) ...........

**4** Es ist wichtig, dass Mitarbeiter gut kommunizieren und verhandeln können.     Zeile(n) ...........

**5** Personen mit interkultureller Kompetenz können fremde Kulturen besser verstehen.     Zeile(n) ...........

**6** Hard Skills beschreiben die Fähigkeiten, die man in der Berufsausbildung lernt.     Zeile(n) ...........

**6** Soft Skills. Finden Sie in dem Suchrätsel sechs wichtige Eigenschaften fürs Berufsleben.

| Z | U | V | E | R | L | Ä | S | S | I | G |
|---|---|---|---|---|---|---|---|---|---|---|
| A | K | T | R | E | V | W | P | L | G | V |
| C | R | P | O | I | E | D | Ü | A | R | O |
| K | R | E | A | T | I | V | N | W | E | S |
| W | E | J | U | L | L | O | K | K | I | S |
| A | I | P | S | I | E | R | T | O | B | F |
| S | F | R | E | U | N | D | L | I | C | H |
| T | E | A | M | F | Ä | H | I | G | H | E |
| O | D | C | I | A | H | Ö | C | A | U | I |
| B | E | H | R | L | I | C | H | K | R | T |

**1** ...........................

**2** ...........................

**3** ...........................

**4** ...........................

**5** ...........................

**6** ...........................

# D  Industrielle Revolutionen

**1**   Technische Entwicklungen im Wandel. Ordnen Sie die Fotos den Bezeichnungen zu.

Industrie 1.0: ................................................................

Industrie 2.0: ................................................................

Industrie 3.0: ................................................................

Industrie 4.0: ................................................................

**2a**   Ergänzen Sie das passende Nomen oder Verb.

| Nomen | Verb | Nomen | Verb |
|---|---|---|---|
| Automatisierung | *automatisieren* | optimieren | |
| Einführung | *einführen* | kommunizieren | |
| Digitalisierung | | orientieren | |
| Vernetzung | | steuern | |
| Erfindung | | agieren | |
| Beeinflussung | | nutzen | |

**2b**   Ergänzen Sie passende Wörter aus 2a. Manchmal gibt es mehrere Möglichkeiten.

**1**   Die Dampfmaschine war eine revolutionäre ...................................................... .

**2**   Durch ...................................................... und Automatisierung kann man Arbeitsläufe

.................................................... .

**3**   Das Internet .................................................... Computer, Smartphones und andere Geräte auf

der ganzen Welt. Die Geräte können miteinander .................................................... .

**4**   In einer intelligenten Fabrik werden die Prozesse automatisch .................................................... .

**5**   Die .................................................... der Menschen in aller Welt ist heute viel schneller als früher.

**6**   Soziale Netzwerke .................................................... das Leben der Menschen heute stark.

**7**   Mit Suchmaschinen kann man sich im Internet besser .................................................... .

**2c**   Wählen Sie drei weitere Wörter aus 2a und schreiben Sie Sätze.

**3**   🔊 Digitalisierung und künstliche Intelligenz. Hören Sie das Interview und beantworten Sie die Fragen.
18

**1**   Welches Thema hat die Sendung?

**2**   Was sind von Beruf?

**3**   Warum finden Herr und Frau Marzahn den Roboterstaubsauger praktisch?

**4**   Welches Risiko sehen sie bei Sprachassistenten?

**5**   Wer bezahlt die Smartphones von Frau Marzahn?

**6**   Warum haben sie keinen Fernseher?

**7**   Welche Aufgabe hat Herr Marzahn in seiner Firma?

**8**   Warum geht die Vernetzung in seiner Firma nicht so schnell?

## A Der technische Wandel

| | | |
|---|---|---|
| der | Alltag (Sg.) | .................... |
| der | Anschluss, "-e | .................... |
| die | Anwendungsmöglich-keit, -en | |
| das | Display, -s | |
| | einsatzbereit | .................... |
| das | Festnetz (Sg.) | .................... |
| das | Gerät, -e | .................... |
| | herunter}laden | .................... |
| | etw. installieren | .................... |
| das | Kommunikationsmittel, – | .................... |
| | leistungsfähig | .................... |
| der | Mobilfunk (Sg.) | .................... |
| | multifunktional | .................... |
| das | Navi, -s | .................... |
| das | Navigationsgerät, -e | .................... |
| | problemlos | .................... |
| das | Risiko, Risiken | .................... |
| | sinken | .................... |
| die | Tastatur, -en | .................... |
| | verfügbar | .................... |
| | etw. weiterentwickeln | .................... |
| die | Zukunft (Sg.) | .................... |
| | in Zukunft | |

## B Möglichkeiten des Internets

| | | |
|---|---|---|
| | die Arbeit erleichtern | .................... |
| die | Daten (Pl.) | .................... |
| | Daten missbrauchen | .................... |
| | nachteilig | .................... |
| | papierlos | .................... |
| die | sozialen Netzwerke | .................... |
| | speichern | .................... |
| | verzichten auf (+ Akk.) | .................... |

## C Veränderungen im Berufsleben

| | | |
|---|---|---|
| die | Anforderung, -en | .................... |
| der | Ausbildungsberuf, -e | .................... |
| | beeinflussen | .................... |
| die | Berufsaussicht, -en | .................... |
| die | Digitalisierung (Sg.) | .................... |

| | | |
|---|---|---|
| die | Eigenschaft, -en | .................... |
| der | Erfolg, -e | .................... |
| | Erfolg haben | .................... |
| | fächerübergreifend | .................... |
| die | Gesprächs- und Verhand-lungsführung (Sg.) | |
| | interkulturell | .................... |
| die | IT-Systemkauffrau (Pl. IT-Kaufleute) | .................... |
| der | IT-Systemkaufmann (Pl. IT-Kaufleute) | .................... |
| die | Soft Skills (Pl.) | .................... |
| | teamfähig | .................... |
| die | Teamfähigkeit (Sg.) | |
| die | Umfrage, -n | .................... |
| | wahrscheinlich | .................... |
| | Wert legen auf (+ Akk.) | .................... |
| das | Wissensmanagement (Sg.) | .................... |
| | zuverlässig | .................... |
| die | Zuverlässigkeit (Pl.) | .................... |

## D Industrielle Revolutionen

| | | |
|---|---|---|
| der | Arbeitsablauf, "-e | .................... |
| die | Automatisierung (Sg.) | .................... |
| | etw. ein}führen | .................... |
| die | Einführung, -en | .................... |
| | etw. fern}steuern | .................... |
| das | Fließband, "-er | .................... |
| die | Informationstechno-logie, -n | .................... |
| das | Internet der Dinge (Sg.) | .................... |
| der | Sprachassistent, -en | .................... |
| die | Vernetzung, -en | .................... |
| | vielfältig | .................... |

# Inhalte der Audio-Dateien

| Track | Abschnitt \| Übung | Kurztitel |
|---|---|---|
| 1 | | Nutzerhinweise |
| | **Einheit 1** | |
| 2 | A \| 2a | Herr Suwaid stellt sich vor |
| 3 | C \| 2a | Interview mit drei Migranten (1) |
| 4 | C \| 2c | Interview mit drei Migranten (2) |
| | **Übungen 1** | |
| 5 | A \| 1c | Vorstellungsgespräch von Tanya Danow |
| 6 | C \| 3 | Drei Kurzberichte (Interview) |
| | **Einheit 2** | |
| 7 | A \| 1b | Pausengespräch zwischen Miriam, Daria und Amir |
| | **Übungen 2** | |
| 8 | A \| 1b | Pausengespräch zwischen Miriam, Daria und Amir (Wdh.) |
| 9 | B \| 1 | Pausengespräch zwischen Mai-Lin, Danylo und Tim |
| | **Einheit 3** | |
| 10 | A \| 1a | Einkaufsgespräche |
| 11 | B \| 1a | Besuch in einer Möbelfirma: Begrüßung |
| 12 | B \| 1b | Besuch in einer Möbelfirma: Betriebsbesichtigung |
| 13 | C \| 3a | Berufswünsche |
| | **Übungen 3** | |
| 14 | C \| 4b | Was wäre, wenn |
| | **Einheit 4** | |
| 15 | A \| 2a | Umfrage in der Fußgängerzone |
| 16 | C \| 1a | Radiosendung zum Thema „Arbeitswelt von morgen" |
| | **Übungen 4** | |
| 17 | C \| 1 | Digitalisierung in der Arbeitswelt |
| 18 | D \| 3 | Interview zum Thema „Digitalisierung und künstliche Intelligenz im Privatleben" |

## Impressum Audio-Dateien

**Studio:** Clarity Studio Berlin
**Regie und Aufnahmeleitung:** Susanne Kreutzer
**Tontechnik:** Hüseyin Dönertaş, Pascal Thinius
**Sprecherinnen und Sprecher:** Denis Abrahams, Marianne Graffam, Susanne Kreutzer, Kim Pfeiffer, Benjamin Plath, Christian Schmitz

# Quellen

## Bildquellen

**Cover:** shutterstock/LightField Studios
**S. 4** (1) shutterstock/Frank Gaertner; (2) shutterstock/ goodluz; (3) shutterstock/zhu difeng; (4) shutterstock/ NicoElNino; **S. 6** (A) shutterstock/wavebreakmedia; (B) shutterstock/Matej Kastelic; (C) shutterstock/Prasit Rodphan; (D) shutterstock/Elena11; (E) shutterstock/ goodluz; (F) shutterstock/Frank Gaertner;
**S. 8** shutterstock/lenetstan; **S. 10** (1) shutterstock/ baranq; (2) shutterstock/kurhan; (3) shutterstock/ Rocketclips, Inc.; (4) shutterstock/GagliardiImages; (5) shutterstock/Bhakpong; (6) shutterstock/Kamil Macniak;
**S. 12** shutterstock/ProStockStudio; **S. 14** shutterstock/ serdjophoto; **S. 16** shutterstock/JHDT Productions;
**S. 17** shutterstock/Dubova; **S. 18** shutterstock/denegru;
**S. 22** (1) shutterstock/goodluz; (2) shutterstock/ wavebreakmedia; (3) shutterstock/Stokkete; (4) shutterstock/Monkey Business Images; (5) shutterstock/ puhhha; (6) shutterstock/Monkey Business Images;
**S. 23** Fotolia/magele-picture; **S. 26** (oben links) shutterstock/Kzenon; (unten rechts) shutterstock/ weedezign; **S. 34** shutterstock/SnowWhiteimages;
**S. 36** shutterstock/fizkes; **S. 38** (A) shutterstock/Corepics VOF; (B) shutterstock/guruXOX; (C) shutterstock/ Rawpixel.com; (D) shutterstock/zhu difeng; (E) shutterstock/LADO; (F) shutterstock/Iakov Filimonov;
**S. 39** TESTROOM GmbH/Media Analyzer; **S. 40** (oben rechts) shutterstock/Guenter Albers; **S. 43** (oben) shutterstock/stockfour; (Mitte) shutterstock/Robert Kneschke; (unten) shutterstock/Daniel M Ernst;
**S. 44** shutterstock/Narong Jongsirikul; **S. 46** (oben links) shutterstock/TrotzOlga; (oben 2. von links) shutterstock/

Sergiy Kuzmin; (oben 2. von rechts) shutterstock/CHIARI VFX; (oben rechts) shutterstock/Billion Photos; (unten links) shutterstock/Dan Kosmayer; (unten 2. von links) shutterstock/Hadou; (unten 2. von rechts) shutterstock/ Ruslan Ivantsov; (unten rechts) shutterstock/Sergey Peterman; **S. 47** (A) shutterstock/GaudiLab; (B) shutterstock/stockfour; (C) shutterstock/Arina P Habich; (D) shutterstock/ivan_kislitsin; **S. 50** shutterstock/Iakov Filimonov; **S. 52** shutterstock/Harish Marnad; **S. 54** (1) shutterstock/Jaroslav Francisko; (2) Fotolia/Kaesler Media; (3) shutterstock/Iakov Filimonov; (4) shutterstock/Poprotskiy Alexey; (5) shutterstock/ESB Professional; (6) Fotolia/AntonioDiaz; (7) shutterstock/ Denys Prykhodov; (8) Fotolia/RioPatuca Images;
**S. 55** shutterstock/POM POM; **S. 56** (1) shutterstock/ Anton Gvozdikov; (2) shutterstock/Dmitry Bruskov; (3) shutterstock/Zurijeta; **S. 58** shutterstock/DW labs Incorporated; **S. 59** shutterstock/M-SUR; **S. 60** (oben) shutterstock/NicoElNino; (2. von oben) shutterstock/ Zapp2Photo; (2. von unten) shutterstock/Vyntage Visuals; (unten) shutterstock/beeboys; **S. 62** (1–4) shutterstock/DR-images; (5) shutterstock/OlgaSiv; (6) shutterstock/donikz; (7) shutterstock/Mile Atanasov; (8) shutterstock/cobalt88; (9) shutterstock/Sergey Peterman; **S. 65** (oben) shutterstock/Filip Warulik; (Mitte) shutterstock/BestPhotoStudio; (unten) shutterstock/ stockfour; **S. 68** (A) shutterstock/Factory_Easy; (B) shutterstock/Artsplav; (C) shutterstock/Baptist; (D) shutterstock/alterfalter

## Textquellen

**S. 44** Kiezkaufhaus, Wiesbaden. Das Kiezkaufhaus - Lokal Liefern Lassen [leicht bearbeitet]; https:// stadtleben.de/wiesbaden/branchen/location/ kiezkaufhaus/ [26.06.2018]

# Notizen